JN025925

【改訂第2版】

教育相談の理論と方法

原田眞理 編著 *Harada Mari*

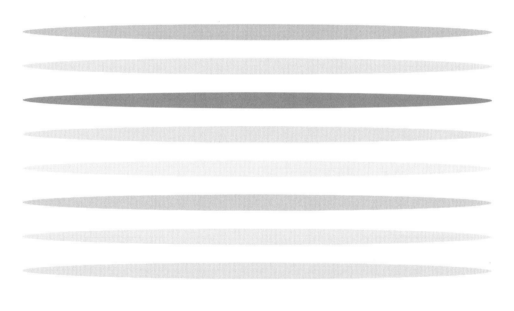

玉川大学出版部

はじめに

　この本は，教員志望の学生，現職教員の方々が児童生徒や保護者との相談活動について学ぶとともに，現場で問題に直面した時や向かう方向が見えず困った時などに役立つと良いと思いながら編集いたしました。対象は教員志望の方や，現職教員の方々などといえるかもしれませんが，子育てや一人の人間として，社会に自身の力を発揮する際に，ここで学習した知識は非常に役立つと思います。是非机上の学問ではなく，学びを実践していただきたいと思います。学問や知識を身につけた段階では，具体的に動くことが難しいと思います。たとえば受容して共感する，といっても現場でどうするのかが見えてきません。一方，経験則だけでは，主観的な見方となり問題を見落とします。学問と経験がドッキングして，初めて真の学びの力が発揮されます。特に教育相談は学びを実践できることが目的となります。そのために章の中に事例を入れてありますので，学習したことを，事例で検討してみてください。

　日本における教育相談は，生徒指導の一環として位置付けられていました。しかし，その後の経済の発展などに伴い，個人の幸福が追求されるようになり，また，現代ではさまざまな学校内外での問題も多様化し，その予防，早期発見，早期解決が求められ，教育相談が必要とされています。

　実際，いじめといっても非常に深刻化しており，犯罪に分類されるものも多く，教員同士のいじめなどが報道されていましたが，多様化もしています。また気候変動に伴い，自然災害が増加し，避難所となる学校も増加しています。避難所の初期の運営は教員が行うことが多い状態です。虐待も幼稚園，小学校に入学し，外の世界と初めて触れる時に，周囲がしっかり見つけなければなりません。小学校教員は特に児童と過ごす時間も長く，虐待を発見す

ることができる重要な存在です。そして虐待が発見された後も，継続して関わり続けることができるのは教員だけかもしれません（引越しが発生しない場合）。このように現代の教員は学習指導のほかに，さまざまな役割を担っています。

　すなわち，「金八先生」（学校もののドラマ）の時代は終わり，現代は誰もが同じ対応ができ，多職種で連携・協力体制を作らなければならなくなってきているのです。金八先生は，あの役者さんであの風貌でなければ金八先生とは思えない，つまり昔の教員はある意味職人芸と言えるかと思います。しかし現代は，問題も多発しており，とても一人で抱えきれません。そしてチーム学校と言われているように，一人で抱えずにチームで対応していくことが求められています。教員は学校組織の一員なのです。一人で抱えない，という点は，教員のメンタルヘルスにも深く関係してきます。

　最後にこの本で学習することのポイントをまとめます。

　教育相談をするためには，まずは信頼関係が必要です。人は，相談したくないと思う相手には相談はしません。学校場面における信頼関係は，日常生活のなかで築きます。日々の児童生徒との関わりが大切です。次に，何かが起きた場合，その事態の把握，そして児童生徒・保護者理解が必須となります。相手を理解せずにマニュアル対応をしても，的確な解決をすることは難しく，何より相談したことにより心の安心や安定が生まれることは少ないでしょう。まずは児童生徒・保護者理解をしてください。子どもの心の声が聴こえ，保護者も含め教職員同士も，お互いを理解しあい，信頼し，具体的な力を発揮できる関係が大切です。そして，定期的なケース会議などを行い，多視点から検討すること，振り返ることが大切です。

　いじめ，虐待などの問題化していることを取り上げるだけでなく，教育相談はすべての児童生徒が対象です。特に心の揺れる思春期青年期にいる中高生は，一見優等生で問題がなく見えても一人悩みを抱えていることが多くありますので注意が必要です。また，保護者のなかには，我が子とどう距離をとり，どう関わったら良いかわからずにいる場合も多くあります。発達の問

題がある場合も，保護者が一人で抱えている場合も多くあります。これらのことを見落とさずにいるためにも，日頃の信頼関係，一人ひとりの理解，学級の理解が必要になるのです。

　定型発達であろうが，発達に偏りがあろうが，一人ひとりの児童生徒を理解し，向き合っていくことに変わりはありません。読者の皆様は教育者であり，医師や警察ではありません。診断名や表面的な行動に惑わされることなく，教育者として目の前にいる子ども達としっかり向き合い，その子どもや保護者が，「この先生と出会えてよかった！」と思えるような体験を提供してほしいと思います。子どもの声が聴こえる教員，具体的な力になれる教員が一人でも多く，教育現場にいてほしいと願っています。

　2019年11月

原田眞理

教育相談の理論と方法　改訂第2版

●

目　次

第1章

教育相談とは

この章では教育相談の概要を学習する。小学校，中学校，高校における教育相談の意義・特徴を学び，教員における教育相談の全貌を把握することを目的とする。さらに，生徒指導との相補的関係についても学び，教員として生徒指導・教育相談を適宜判断して行えるようになる。

キーワード

教育相談，生徒指導，早期発見

第1節　教育相談とは

1. 教育相談

　日本の教育相談活動は，第二次世界大戦後の日本社会において青少年の非行が大きな問題となっていたことに端を発し，1950年前後から行われるようになった。そもそも現在の日本の教育は戦後アメリカをモデルに構築され，学校教育基本法によると「人格の完成」「平和で民主的な国家および社会の形成者としての必要な資質を備えた心身ともに健康な国民の育成」を目的に掲げている。教育相談は生徒指導と重なる部分もあり，生徒指導の一環と位置づけられている。戦後の日本社会では経済成長が求められ，それに貢献する人材の育成が求められていたため，提供される学校教育は素直に参加するものであり，そこに適応できない者はその個人に問題があるという風潮があった。しかし，近年，経済が発展し，個人の幸福等を視野にいれる社会となった日本において，学校教育に対する要求も変化してきている。この変化のなかで，生徒指導と教育相談という役割の連携や在り方が問われるようになっている。

　1988年の教育職員免許法改正において教職に関する科目に「生徒指導」「教育相談」が設けられた。文部科学省による生徒指導提要によると，第5章に教育相談が掲載されており，教育相談の意義は「『中学校学習指導要領解説（特別活動編）』によれば，『教育相談は，一人一人の生徒の教育上の問題について，本人又はその親などに，その望ましい在り方を助言することである。その方法としては，1対1の相談活動に限定することなく，すべての教師が生徒に接するあらゆる機会をとらえ，あらゆる教育活動の実践の中に生かし，教育的配慮をすることが大切である』とされています。すなわち，教育相談は，児童生徒それぞれの発達に即して，好ましい人間関係を育て，生活によく適応させ，自己理解を深めさせ，人格の成長への援助を図るものであり，決して特定の教員だけが行う性質のものではなく，相談室だけで行われるものでもありません。これら教育相談の目的を実現するためには，発達心理学や認知心理学，学校心理学などの理論と実践に学ぶことも大切です。また，学校

は教育相談の実施に際して，計画的，組織的に情報提供や案内，説明を行い，実践することが必要となります」と記されている。

2．各学校における教育相談

（1）小学校の場合

　学校内における教育相談は教員が行う場合が多いが，小学校の場合，相談者は児童よりもむしろ保護者のほうが多い。特に低学年の児童が自ら「成績が悪い」「友達とうまくいっていない」と積極的に相談してくることは少ない。学習にまつわる相談はそのほとんどが保護者からもちかけられる。しかしそれが「相談への入場切符」であることも多く，本当に相談したいことは学習以外にある場合もあるので，早合点せずに，しっかり傾聴することが必要である。

（2）中学校の場合

　中学生になると，本人との相談活動が増えるが，発達からみても，反抗的な態度が顕著になる。個人面談などを設定しても，素直に話してくれる生徒ばかりではない。黙ってしまったり，本音を語らないこともあるため，相談には工夫が必要になる。またいじめも深刻なものが増加するので，教員自身がよく観察をして，相談に臨むことが大切である。日常的な信頼関係の構築が大切なのはいうまでもないが，生徒が信頼している教員が担当するなど，チームで役割分担をすることも効果的である。

（3）高校の場合

　高校生になると，より本人との相談活動が中心となる。相談内容は，自分自身のこと，たとえば進路や進学，異性との交際などが中心となる。

3．スクールカウンセラー・スクールソーシャルワーカー

　どの学校種であっても，担任だけでは解決が難しい場合もある。スクールカウンセラーは1995（平成7）年より調査研究が実施されていたが，2001（平成13）年からスクールカウンセラー活用事業補助が開始され，各都道府県

等からの要請を踏まえて配置されている。

　スクールカウンセラーは児童生徒に対する相談のほか，保護者及び教職員に対する相談，教職員等への研修，事件・事故等の緊急対応における被害児童生徒の心のケアなど，学校の教育相談体制の大きな役割を果たしている。表1-1に平成30年度のスクールカウンセラーの全国の配置数を示す。自治体によりかなり差があるが，中学校ではほぼ100%近く配置されている。

表1-1　スクールカウンセラーの配置状況（%）

小 学 校				中 学 校				高 等 学 校			
有			無	有			無	有			無
定期配置		不定期配 置		定期配置		不定期配 置		定期配置		不定期配 置	
週4時間以上	週4時間未満			週4時間以上	週4時間未満			週4時間以上	週4時間未満		
23.1	28.2	27.3	21.4	70.3	21.2	6.7	1.8	38.5	29.9	20.2	11.4

（文部科学省「平成30年度学校保健統計調査」2019より。https://www.e-stat.go.jp/stat-search/files?page=1&layout=datalist&toukei=00400002&tstat=000001011648&cycle=0&tclass1=000001127520&tclass2=000001127523&stat_infid=000031812097,2019.9.16最終アクセス）

　また，2008（平成20）年からはスクールソーシャルワーカーの配置事業も始まり，社会福祉的側面からの相談・連携も可能となった。表1-2にスクールカウンセラー（SC），スクールソーシャルワーカー（SSW）の役割を示す。

第2節　教育相談と生徒指導

　第1節にも述べたように，経済発展を遂げ，個人の幸福等を考えるようになった日本社会において，教育相談活動は非常に重要かつ必要とされてきている。なぜならば，学校教育に対する保護者の要求は肥大化し，教員の権威は下がり，教員の指導に従う，という風潮はもはやなくなっているからだ。児童生徒および保護者との信頼関係の構築が難しさを増しているなかで，一義的な指導をしたところで通用しないものである。現代は，生徒指導をするにも，教育相談的な個別性や個別の理解をもたないと，表面的形式的な行為

表1-2　SC・SSWの役割

名称	スクールカウンセラー	スクールソーシャルワーカー
人材	児童生徒の臨床心理に関して高度に専門的な知識・経験を有する者	教育分野に関する知識に加えて，社会福祉等の専門的な知識や経験を有する者
主な資格等	臨床心理士，精神科医等	社会福祉士，精神保健福祉士等
手法	カウンセリング（子供の心のケア）	ソーシャルワーク（子供が置かれた環境〈家庭，友人関係等〉）への働き掛け
配置	学校，教育委員会　等	教育委員会，学校　等
主な職務内容	①個々の児童生徒へのカウンセリング ②児童生徒への対応に関し，保護者・教職員への助言 ③事件・事故等の緊急対応における児童生徒等の心のケア ④教職員等に対する児童生徒へのカウンセリングマインドに関する研修活動 ⑤教員との協力の下，子供の心理的問題への予防的対応（ストレスチェック等）	①家庭環境や地域ボランティア団体への働き掛け ②個別ケースにおける福祉等の関係機関との連携・調整 ③要保護児童対策地域協議会や市町村の福祉相談体制との協働 ④教職員等への福祉制度の仕組みや活動等に関する研修活動

（文部科学省初等中等教育局児童生徒課「学校における教育相談に関する資料」2015より）

ということが露呈するだけである。とはいえ，悪いことは悪いと，道徳観や倫理観を教えることも教員の大切な役割である。生徒指導提要では「教育相談と生徒指導の相違点としては，教育相談は主に個に焦点を当て，面接や演習を通して個の内面の変容を図ろうとするのに対して，生徒指導は主に集団に焦点を当て，行事や特別活動などにおいて，集団としての成果や変容を目指し，結果として個の変容に至るところにあります」としている。

　実際には教育相談と生徒指導は異なる側面があるために，一人の教員が双方の役割を担うことに戸惑いを感じることも多いものである。しかしたとえるならば，生徒指導と教育相談は，父性と母性であり，教育の両輪と考えられるのである。一人の教員の中で，父性と母性を場面に応じて臨機応変に使い分け，教育相談と生徒指導を行うことが大切である。すなわち，教育相談と生徒指導は相反するものではなく，相補的に行われるものなのである。

　一人の教員のなかで父性と母性を使い分けるだけではなく，チームや連携のなかで役割を分担することも大切である。学年主任や生徒指導主事は父性

を担い，担任や養護教諭，スクールカウンセラーが母性を担い，チームで連携して児童にかかわることができるのも学校教育相談の特徴となる。

第3節　教育相談の特徴とその充実

　学校における教育相談は，心理学者の行う教育相談や他機関における教育相談とは異なる側面が多い。この節では，学校における教育相談の特徴をまとめる。

1．未然防止・早期発見・早期対応

　小学校は担任が学級および学習指導を一人で担うことが一般的である。すなわち，児童と毎日長い時間を共に過ごすのが教員である。中学，高校になると，小学校ほどずっと学級をみていることはないが，とはいえ，生徒と長い時間を過ごすのが教員である。日常生活の中で，信頼関係を構築し，児童を観察していれば，小さな変化（サイン，第5章参照）に気づくことが可能である。小学校教員は家族の次に，あるいは家族よりも児童のことを深く理解することが可能になり，児童にとっては非常に大きな影響を受ける相手となる。小学校教員との出会いが児童の運命を変えるといっても過言ではない。

　身近にいる教員が早期発見をすることにより，問題が大きくなる前に，または問題となる前に，対応することが可能になることが特徴の一つである。たとえば，学級などで児童の異変に気づき，スクールカウンセラーや諸機関につなぐことができるのは教員のみである。児童生徒の身近にいるのが教員なのである。

2．学校内のチームとしての対応

　教職員組織はさまざまな立場の教員で構成されている。1学年ごとに複数の教員がおり，専科教員，部活の顧問など複数の教員が児童生徒とかかわっている。さらに，校長，教頭，学年主任，生徒指導主事，教育相談担当教諭，養護教諭，スクールカウンセラー，スクールソーシャルワーカーなど，さまざまな役割を持つ教職員で教職員組織は構成されている。これらさまざまな

人員を，組織的な連携・支援体制として維持していくために，教育相談コーディネーターを中心として教育相談体制を構築していく必要がある。そして，その体制を必要に応じて見直すことが必要である。図1-1に文部科学省「生徒指導提要　平成22年3月」に掲載されているチームによる支援のプロセスを示す。

　現在の学校内の教育相談は，さまざまな専門職が連携・協働し，児童生徒，

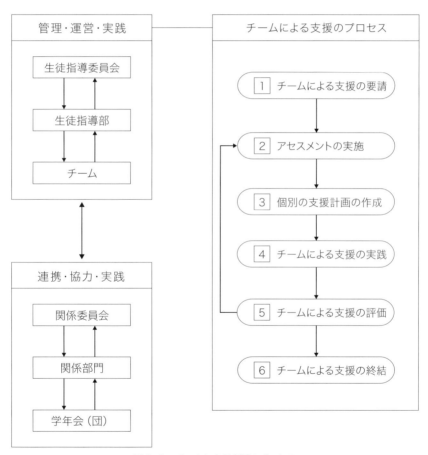

図1-1　チームによる支援のプロセス

保護者にかかわり，それぞれの役割を果たしながらチームで対応すること（チーム学校）が特徴である。

　その一方で教員は問題を一人で抱えがちだという傾向がある（メンタルヘルス，第12章参照）。おそらく自分の学級のことは自分が一番理解しているのだから自分でなんとかしよう，という考え方も関係しているのであろう。しかし，現在は学校内の問題も多発しているため，一人で抱えるのではなく，多視点から事態をとらえるべく，チームでかかわることが必要となっている。

3．連携

　上記2に述べたように，学校内における連携は，日常的に行われるようになった。外部諸機関との連携も円滑になってきてはいるが，虐待の発見が遅れるなど連携の不十分さが浮き彫りになることもあるのが現状である。外部機関としては，行政，医療機関，警察等があり，教育相談の際には，外部との連携が必要となる例が多い。いじめの事例でも，いじめではなく，犯罪となる案件も発生しており，その場合，速やかに警察と連携をしていくことが必要とされている。小学校の場合は，非行や問題行動に移行する前の段階として，予防に力を入れることが重要である。たとえば警察関係者に講演をしてもらうなども効果的である。

　とはいえ，連携不足のために虐待の発見が遅れ死に至る事例は後を絶たず，2019年6月に改正児童虐待防止法と改正児童福祉法が成立した。子どもの安全を確保するため，一時保護する児童相談所の「介入」機能を強化するなど，一部を除き2020年4月から施行される予定である。

4．情報の共有について

　学校の教育相談の場合，連携が必要だと書いたが，その際に問題となるのが情報の共有である。守秘義務や個人情報保護法などがあるが，学校での教育相談では，個人の心理療法とは違い，学校内における守秘義務という捉え方をする。

　生徒指導提要に，「その時かかわった関係者の中で必要な限度で情報を共有し，それ以外には洩らさないという秘密の保持，個人情報の保護などにつ

いての共通認識が求められます」とある。また，守秘義務について「学校で
は一人の児童生徒に複数の教員がかかわります。それゆえ守秘義務を盾に教
育的かかわりの内容や児童生徒についての情報が閉じられてしまうと，学校
としての働きかけに矛盾や混乱が生じてしまい，結果的に児童生徒やその保
護者を混乱に巻き込むことになりかねません。学校における守秘義務は，情
報を『校外に洩らさない』という意味にとらえるべきです」とある。守秘義
務を守りすぎて情報を共有しないと，問題の早期発見ができないどころか，
いじめも虐待も見て見ぬフリをしたことになる。被害者はチクリを恐れ，「先
生にだけ話す」「お母さんには言えない」「誰にも言わないで」と言う。しか
し教員やスクールカウンセラーがそれを鵜呑みにしていたのでは，いじめは
何も変わらず継続していくだけである。共通認識を持ち，秘密を共有できる
ためには，学校内の守秘義務，教員組織の信頼関係があることが必要なので
ある。

・教育相談の特徴を述べなさい。
・生徒指導と教育相談を相補的に行うとはどのようなことか述べなさい。

〈参考文献〉
文部科学省「平成30年度学校保健統計調査」2019
文部科学省「児童生徒の教育相談の充実について（概要）平成29年1月」2017
文部科学省「生徒指導提要　平成22年3月」2010
文部科学省，厚生労働省「「相談体制の充実」に係る関係府省提出資料」2013
河村茂雄編著『教育相談の理論と実際　よりよい教育実践をめざして』図書文化，2012
原田眞理編著『教育相談の理論と方法　中学校・高校編』玉川大学出版部，2015

第**2**章
学校における教育相談活動の在り方

学校での教育相談活動が有効に機能するためには，教員一人一人が教育相談に対する意識を高くもつと共に，校内の教育相談体制がいかに構築されているかが重要なポイントになる。中心となって動く教育相談担当教員は，個々の相談以外に，教員向けの教育相談に関わる研修を計画，実施したり，校内外の関係部署との連携がスムーズにいくよう工夫したりしなくてはならない。個々の教育相談で注意すべきポイントと共に学ぶ。

キーワード

教育相談の形態と方法，教育相談体制づくり

第1節　教育相談の実際

1．実施者と対象者
（1）実施者
　教育相談は教員一人だけが行うものではない。学級担任はもちろん，教育相談担当の教員や養護教諭，スクールカウンセラーなど，立場の異なる者が必要に応じて連携して行う。児童生徒によっては，担任には話せないが，養護教諭になら話せるということもある。特に小学校の場合，担任が児童と関わる時間が長いため，児童の問題はすべてその学級担任に責任があると考え，問題を担任が抱え込むということが起こりがちである。しかしこれは大きな間違いであり，学校内の豊富な援助資源を適切に活用してこそ，児童生徒にとって有効な教育相談となりうる。

（2）対象者
　教育相談はすべての児童生徒を対象とする。何かしら問題行動を起こした児童はもちろん，健康で何も問題のなさそうな児童生徒に対しても，生活への適応やよりよい人格の向上を目指して，日々の学校生活で教育相談的な関わりを行う。その際，家庭との協力体制をつくっておくことは重要である。児童生徒をよりよく理解し，適切な指導を行うために，お互いに情報を共有し話し合える関係性を築くことが望ましい。さらには，地域や校外の各専門機関との連携も不可欠である。児童生徒を中心として，必要に応じてネットワークを構築し，一体となって児童生徒を支援していく（図2-1）。

図2-1　子どもを支えるネットワーク

2．相談の形態と方法

　教育相談の形態と方法を表2-1に示す。「教育相談」というと，教室や面談室で教員と児童生徒が1対1で向き合って話している場面を思い浮かべるかもしれない。しかし実際は状況に応じて，表に示したようにさまざまな相談の形態と方法を組み合わせて，継続的にきめ細かく関わることになる。ここで重要なことは，1回の相談ですべてを解決しようと焦らないことである。児童生徒からの相談に，無理をしてすぐにアドバイスをしたり，答えを示したりする必要はない。児童生徒の話をしっかり聴き，理解に努め，共に考える姿勢を示すことが重要である。状況によっては継続的な相談を行う中で徐々に本音が語られたり，問題の本質が明らかになったりすることもあるので，時間をかけてじっくり取り組む姿勢が求められる。

表2-1　教育相談の主な形態と方法

相談形態	個別相談	個別に行う
	グループ相談	個別ではなく，複数の児童生徒，あるいは保護者と児童生徒などグループを対象に行う
	チーム相談	担任一人ではなく，必要に応じて養護教諭やスクールカウンセラーなどとチームを組んで行う
	呼び出し相談	特定の児童生徒を呼び出して行う
	チャンス相談	必要を感じたその場面で行う
	定期相談	年度始めや学期末など決まった時期に行う
	自発相談	児童生徒自ら相談に来る
	訪問相談	児童生徒宅を訪問して行う
相談方法	面接相談	最も頻繁に用いられる
	電話相談	必要に応じて活用する
	手紙相談	
	FAX相談	
	メール相談	

3．時間や場所の設定，工夫

（1）時間

　児童生徒との個別相談の場合，長くとも30分から40分の時間をひと枠と

考えると良い。児童生徒の訴えが要領を得なかったり，教員から伝えたいことが多くあったりする場合でも，お互いに相談に集中できる時間は30〜40分間である。必要があれば日時を改めて相談の場を設ける。相談と相談の間に問題を冷静に考えたり，新たな視点を持てたりすることも多い。

　また相談中の児童生徒の沈黙には重要な意味がある場合もあるので，教員は沈黙を恐れず，なぜ黙っているのか，その意味を慎重に考えてみることをお勧めする。

(2) 場所

　児童生徒が安心して話せる場所としては，応接室や面談室より，普段生活している教室の方が適している。場合によっては保健室やカウンセリングルームも活用できる。教員と1対1で話すことに緊張する児童生徒もいるので，教員はリラックスした態度で臨む。また，言葉で表現することを苦手とする場合には，一緒に絵を描いたり，粘土をこねたりする作業を通して少しずつ話せるようになる場合もある。

　児童生徒からの自発相談は，声をかけられるタイミングによっては，教員側が十分な時間をとれない場合もある。そのようなときは簡単に話を聞き，「○時からゆっくり話を聴くからね」ときちんと面談の約束をする。勇気を振り絞って教員に声をかけていることも多く，「今は時間がないから後でね」と言われると，相談する気持ちが萎えてしまいかねない。「相談したいんだね，わかったよ。ちゃんと話を聴くからね」という教員側の思いをしっかりと伝えることで児童生徒は受け入れられたという思いを持てる。

●中学入学後の適応に時間を要した事例

　中学1年のサオリさんは，5月の連休が明けた後も学校で一緒に過ごせる友だちができず，クラスにもなじめなかった。小学校の時とは違い，科目ごとに教師が入れ替わるため，担任にも親しみを持てないでいた。初めて行われた定期試験では予想以上に成績が振るわず，学校が楽しいと思えなくなってきた。それでも毎日登校し，担任には元気よく挨拶をしていたので，担任はサオリさんが悩んでいることに気づいていなかっ

た。サオリさんは昼休みににぎやかな教室にいるのが辛くなり，校内を
ぶらぶらと歩くようになった。ある日，保健室の隣の小部屋に「カウン
セリングルーム」と書いてあることに気付き，思い切ってドアをノック
してみた。最初はスクールカウンセラーとの会話もぎこちない様子だっ
たが，そのうち中学に入ってから友だちができないこと，クラスの居心
地が悪いこと，試験の点数も悪く，授業にも集中できず，勉強について
いけないように感じていること，日によって微熱があるような気がする
ことなどを話し始めた。

　スクールカウンセラーはしばらく話を聴いた後，保健室に同行し，養護教
諭と共に体温をチェックした。養護教諭は生活リズムや食生活の話などもし
て，またいつでも体温を測りに来て良いと話した。その次に面談に来た時に，
スクールカウンセラーは担任にも相談してみることを勧めたが，サオリさん
は担任から特別視されることを嫌がり納得しなかった。保健室やカウンセリ
ングルームには頻繁に顔を出すようになり，養護教諭やスクールカウンセ
ラーとの信頼関係は徐々に築かれてきた。スクールカウンセラーは親身に話
を聴き，問題を解決するにはやはり担任にも協力してもらうことが良いこと
を丁寧に説明し，サオリさんもようやく担任に相談してみようと思うように
なった。ただ，居心地の悪い教室で面談することには抵抗があり，さらに今
まで何回もカウンセリングルームを訪れて話してきたことを一回でうまく担
任に話せるか自信がないと言った。そこでスクールカウンセラーから担任に
「担任との面談はカウンセリングルームで行ってほしいこと」，「担任との面
談も何回か時間をとってほしいこと」を伝えることを提案した。さらに，も
しサオリさんが希望するなら，養護教諭やスクールカウンセラーも同席でき
ることを伝えたところ，最終的に担任は夏休みまでの間に，１回30分の面
談を４回行い，そのうち初回のみサオリさんの希望でスクールカウンセラー
も同席した。サオリさんは担任に理解してもらえたことで安心感が増し，ク
ラス内での担任のさりげない配慮も功を奏して，夏休み前の球技大会では同
じチームになった女子と仲良くなり，クラス対抗の応援合戦にも参加して楽
しめるようになった。

第2節　教育相談体制づくり

1．校内での組織づくり

　教育相談が有効に機能するためには，教員個人の努力や取り組みだけでは不十分である。校長がリーダーとなり，学校全体が一体となって対応できる校内の体制づくりが必要になる。特に学校内で教育相談の位置づけを明確にし，管理職を含めた教員一人一人が自ら行うものであると意識し取り組むことが大切である。教育相談に関する校内組織は，「教育相談部として独立して設けられるもの，生徒指導部や進路指導部，学習指導部，保健部などの中に教育相談係といった形で組み込まれるもの，関係する各部門の責任者で構成される委員会として設けられるもの，新たに特別支援教育の分掌組織の中に組み込まれるものなど様々」（文部科学省）で，「どのような組織がよいかは，学校種，学校の規模，職員構成，児童生徒の実態や地域性などを勘案して作ることが望ましい」（同）とされている。いずれにしても，教員が協力して集団で行うことで，より厚みのある丁寧な教育相談になりうる。

　さらに，1995（平成7）年から「心の専門家」として全国の中学校にスクールカウンセラーを配置する取り組みが始まり，2008（平成20）年から社会福祉などの専門的な知識や技術を有するスクールソーシャルワーカーの活用も始まっている（第1章参照）。中学校のみならず，近年は幼稚園や保育園，小学校，高等学校でも配置校は増えている。これら多職種を学校内で有効に活用できるかどうかは，相談業務全般の調整や連絡を行うコーディネータ役の教育相談担当の教員が十分に機能しているかどうかにかかっている。

2．教育相談担当教員の役割

　教育相談担当教員の主な役割として，①教育相談の計画及び評価，②児童生徒，保護者への教育相談と担任支援，③教員向けの教育相談に関する研修の計画や実施，④校内各部署との連携，⑤校外専門機関との連携を挙げることができる。校内外の連携に関しては次章で詳しく取り上げるので，ここでは①から③について説明する。

（1）教育相談の計画及び評価

　教育相談は学校内で適切に位置付けられる必要がある。教育相談担当教員は教育相談の具体的な計画を考え，それに沿って教育相談活動を実施し，そして適切に行われたかを評価する必要がある。

　教育相談の計画には，「全体計画」，「年間計画」，「具体的な実施計画」がある。

　全体計画とは，各学校の掲げる教育目標や地域との連携などから生み出される，その学校の教育相談の目標や校内の組織，運営，相談計画の要点などを示したものである。この全体計画に沿って以下の年間計画や具体的な実施計画が組まれるため，組織づくりの基礎となるものである。

　年間計画には，全体計画をもとに立案された児童生徒への指導内容や，教育相談に関わる教員研修の予定，保護者や校外の専門機関との連携に関する項目などが学期ごとあるいは行事ごとに盛り込まれる。年度を通じて必要な時期に必要な教育相談活動を計画的に取り入れる。

　具体的な実施計画とは，上記全体計画や年間計画をもとに，具体的に誰がどのようなタイミングで教育相談を実施していくかの計画である。全教職員が教育相談の目的や意味を十分理解し，具体的な取り組みに際して協力してサポートし合いながら実施できるよう進めなければならない。そのためには研修を通じて，カウンセリング・マインドやそのほかの心理学の手法を学び，それらの技術を活用できるよう十分な演習をすることも必要である。

　以上の計画に基づいて行われる教育相談が，計画通り適切に実行できたかどうか評価する活動も必要で，それにより新たな課題が見いだされ，より充実した教育相談計画の立案へとつなげていくことができる。

（2）児童生徒，保護者への教育相談と担任支援

　教育相談担当教員が，担任とは別に児童生徒や保護者に教育相談を行うこともある。それと同時に，学級活動を行う担任を支援する役割も担う。経験が未熟な若手教員のサポートや，赴任したばかりで学校や地域の文化に慣れ親しんでいない教員，問題行動を起こす児童生徒が複数いる場合など，教育相談担当教員は積極的に情報を共有し連携に努める。

（3）教員向けの教育相談に関する研修の計画や実施

　教育相談を有効に行うためには，１対１の教育相談活動に求められる心理学的な知識を学ぶことはもちろん，児童生徒を理解する上での新しい知見や概念（たとえば発達障害の分類やその特徴など），教員自身のメンタルヘルス向上に役立つ知識などの研修を継続的に行うことが重要である。研修は，いま目の前で起きている問題を理解したり解決したりするのに役立ち，教職員がお互いに支え合える場になることが望ましい。その際，校内で活動するスクールカウンセラーやスクールソーシャルワーカーなど，異なる専門家と共に研修を行ったり，校外から講師を招いて行ったり，テーマによって幅広く様々な視点から問題を考えられるとよい。また，集団守秘義務のもと，具体的な事例を挙げ，情報を共有し，問題点を整理して，複数の意見を出し合うという事例検討会は，経験の浅い教職員にとっては学びが多い。ここでは，児童生徒の解決すべき問題が提示されるだけではなく，なぜそのような問題に至ったのか，どのように解決していけばいいのかについて，当該児童生徒の学校環境のみならず，今までの生育環境や家庭環境，家族や地域，関係する専門機関からの情報などをもとに意見交換を行う。これを複数の教員と関係する専門職員とで行うことで，事例に対する新たな視点が生まれ，関係者の協力体制が進み，問題解決につながることも多い。

課題

・教育相談の主な形態や方法についてまとめなさい。
・担任として児童生徒と面談をする際に配慮すべき点を複数挙げなさい。
・教育相談に関わる教員向け研修を計画する際，どのようなテーマでのどのような内容の研修が考えられるだろうか。具体的に計画しなさい。

〈引用文献〉
文部科学省「生徒指導提要　平成22年10月」2010

〈参考文献〉
嶋﨑政男『教育相談　基礎の基礎』学事出版，2019

第3章

教育相談に必要なさまざまな連携

　児童生徒が問題を抱え，児童生徒ひとりでは解決できない状況にあるとき，担任をはじめ，児童生徒に関わりのある周囲の人々の支援が必要となる。しかし，複数の支援者が異なった支援を進めていくのでは，子どもを混乱させて余計に問題をこじらせてしまう。本章では，学校内の連携のうち，特に教員と養護教諭，スクールカウンセラー，スクールソーシャルワーカーの連携について説明する。

キーワード

養護教諭，スクールカウンセラー，スクールソーシャルワーカー，行動連携

第1節　連携とは

　生徒指導提要の第5章教育相談第4節に,「連携とは,学校だけでは対応しきれない児童生徒の問題行動に対して,関係者や関係機関と協力し合い,問題解決のために相互支援をすることです。教育相談の充実を図るためには,専門家との日常的な連絡と協力関係が重要になりますが,『連携』とは何か問題があった場合に,『対応のすべてを相手に委ねてしまうこと』ではありません。学校で『できること』『できないこと』を見極め,学校ができない点を外部の専門機関などに援助をしてもらうことが連携なのです。このような連携は,コラボレーションの考え方を基に行うことが原則です。コラボレーションとは,専門性や役割が異なる専門家が協働する相互作用の過程を指します」と述べられている。学校内では養護教員,スクールカウンセラーやスクールソーシャルワーカーとの連携が中心となるが,学校の専門機関との連携も行われている。たとえば,医療機関,児童福祉施設,児童相談所,刑事司法関係,NPOなどがあげられる。生徒指導提要より引用した専門機関のスタッフと主な相談内容の表を示す。

表3-1　専門機関のスタッフと内容

専門機関名	主なスタッフ	内　容
教育委員会	指導主事,職員,臨床心理士,社会福祉士,精神保健福祉士	教育課程,学習指導,生徒指導に関する相談・指導・助言,法的な助言
教育相談センター 教育相談所 教育研究所 教育相談機関	相談員,臨床心理士,医師,社会福祉士,精神保健福祉士	性格,行動,心身障害,学校生活,家庭生活等の教育に関する相談
教育支援センター (適応指導教室)	指導員,相談員,臨床心理士,社会福祉士,精神保健福祉士	不登校児童生徒の学校復帰への支援
発達障害者支援センター	相談員,指導員	発達障害に関する相談・生活支援
特別支援学校(センター的機能)	教員	障害全般に関する相談・学校支援
市町村	社会福祉主事,母子相談員,家庭相談員,臨床心理士,保育士	児童福祉法に基づき,児童等の福祉に関し,情報提供,相談対応,調査,指導を行う第一義的な窓口である。

		児童相談所とともに，児童虐待の通告先となっている。
学校医を含む病院等の医療機関	医師，歯科医師，看護師	心身の疾病に関する相談・診断・予防・治療
保健所 保健センター 保健福祉センター	医師，保健師，看護師，精神保健福祉士，臨床心理士，相談員	地域保健法に基づき，各都道府県・指定都市・中核市に設置。主な業務は，栄養の改善及び食品衛生に関する事項，医事及び薬事に関する事項，保健師に関する事項，母性及び乳幼児並びに老人の保健に関する事項，歯科保健に関する事項，精神保健に関する事項，エイズ，結核，性病，感染症その他の疾病の予防に関する事項，その他地域住民の健康の保持及び増進に関する事項等
精神科クリニック	医師，看護師，精神保健福祉士，臨床心理士	神経症や精神的疾患に関する相談・予防・治療
総合病院の精神科	医師，看護師，精神保健福祉士，臨床心理士	身体的な症状も含めての神経症や精神的疾患に関する相談・予防・治療
精神科病院	医師，看護師，精神保健福祉士，臨床心理士	入院等も含めての精神的疾患に関する相談・予防・治療
精神保健福祉センター	精神科医，臨床心理技術者，精神科ソーシャルワーカー，保健師	精神保健福祉法に基づき，各都道府県・指定都市に設置。主な業務は，精神保健に関する相談，人材育成，普及啓発，調査研究，精神医療審査会の審査に関する事務等
児童相談所	医師，児童福祉司，児童心理司，児童指導員	児童福祉法に基づき，各都道府県・指定都市等に設置。18歳未満の子どもに関する様々な相談（養護相談，育成相談，非行相談，障害相談等）に対応。都道府県によっては，その規模などに応じ複数の児童相談所及びその支所を設置。主な業務は，児童福祉司や児童心理司が保護者や関係者から子どもに関する相談に応じ，子どもや家庭について必要な心理判定や調査を実施し指導を行う。行動観察や緊急保護のために一時保護の制度もある。

児童自立支援施設	児童自立支援専門員，児童生活支援員，心理療法担当職員，家庭支援専門相談員	不良行為を行ったりそのおそれがあり，また生活指導の必要な児童に対し，入所や通所させて，個々の状況に応じた自立支援を行う施設
児童養護施設	児童指導員，保育士，心理療法担当職員，家庭支援専門相談員	保護者のいない児童，虐待されている児童その他環境上養護を要する児童を対象とした入所施設
情緒障害児短期治療施設	医師，心理療法担当職員，児童指導員，保育士	軽度の情緒障害を有する児童の治療を行う入所及び通所治療施設
児童家庭支援センター	相談員，心理療法担当職員	地域の子ども家庭の福祉に関する相談機関
福祉事務所	社会福祉主事，相談員	生活保護や子ども家庭等の福祉に関する相談，保護実施の機関
民生委員・児童委員，主任児童委員	民生委員・児童委員，主任児童委員	厚生労働大臣の委嘱を受け地域住民の保護，保健・福祉に関する援助・指導などを行う。児童虐待の通告の仲介も行う。
警察	警察官，相談員，少年補導職員	非行少年の補導・保護・検挙・捜査・少年相談の受理を行う。
少年サポートセンター	少年補導職員，警察官，相談員	警察の設置するセンターであり，子どもの非行，問題行動，しつけ，犯罪被害に関する相談を行う。
家庭裁判所	裁判官，家裁調査官，書記官	非行少年についての調査，審判を行うほか，親権や養育等の親子親族に関する家事調停や審判も行う。
少年鑑別所	法務教官，法務技官	法務省の施設であり，観護措置決定を受けた少年の収容，資質鑑別を行う。
保護観察所	保護観察官，保護司	法務省の機関であり，保護観察処分を受けた少年，少年院を仮退院した少年等に対し，社会内で指導・助言を行う。
少年院	法務教官	法務省の施設であり，少年院送致となった少年を収容し，矯正教育を実施
大学などの相談室	医師，臨床心理士，相談員	家庭，教育や心理に関する相談
電話相談	ボランティア相談員	電話での相談，自殺予防の相談

（文部科学省「生徒指導提要　平成22年3月」2010より引用）

第2節　養護教諭との連携

　児童生徒の心身の健康問題の多様化に伴い，学校組織でチーム対応してい
くことが求められているが，学校保健法の一部改正が行われ，学校保健安全
法（平成21年4月施行通知）により，養護教諭やその他の教職員と連携し
た健康観察，健康相談，保健指導，学校と医療機関等との連携が新たに位置
づけられた。具体的には，児童生徒・保護者等からの相談希望，健康観察や
保健室での対応等から健康相談が必要と判断された児童生徒に対し，心身の
健康問題の背景にあるものを的確にとらえ，相談等を通して支援することで
ある。健康相談も，特定の教職員に限らず，養護教諭，学校医，学校歯科医，
学校薬剤師，担任教諭など関係する教職員で，専門的知見を取り入れながら
行うものとされている。

1．養護教諭の役割について

　児童生徒の教育相談において，養護教諭・保健室の役割が重視される。ま
ず，養護教諭の職務内容を確認し，続いて教員との連携の在り方を考える。
　養護教諭の職務内容については学校教育法で「児童生徒の養護をつかさど
る」と定められ，1972（昭和47）年，および1997（平成9）年の保健体育
審議会答申において主要な役割が示されている。
　「健康相談に関すること」は1997（平成9）年に「新たな役割」として示
された職務内容である。これは，養護教諭は，児童生徒の身体不調を背景に，
いじめなどのこころの問題に関わるサインにいち早く気づくことができる立
場にあり，養護教諭のヘルスカウンセリング（健康相談活動）が一層重要な
役割を担ってきていることに由来する。この，養護教諭が行うヘルスカウン
セリングとは，養護教諭の職務の特質や保健室の機能を十分に活かして，児
童生徒のさまざまの訴えに対して，常に心的な要因や背景を念頭におき，心
身の観察，問題背景の分析，解決のための支援，関係者との連携など，心や
体の両面への対応を行う健康相談活動である。実際に，2016（平成28）年
度の保健室利用状況に関する調査報告書によると，児童生徒の保健室での体

に関する主な相談内容は，アレルギー性鼻炎，ぜん息，肥満傾向などとなっている（表3-2）。一方心の健康に関する主な相談内容は，発達障害（疑いを含む）に関する問題，友達との人間関係に関する問題，いじめに関する問題などである（表3-3）。5年前の調査と比較すると，相談内容に変化がみられ，アレルギーや発達など，その児童生徒の体質や特徴に関する項目が上位になっている。また，身体症状の背景になんらかの心理的な問題が隠れているものがあり，身体的な問題の背景にある，家庭や生活環境に関する問題が関連しているものもある。

表3-2　体の健康に関する主な事項（学校種別）

（千人当たりの児童生徒数）単位：人

	体の健康に関する主な事項	小学校	中学校	高等学校
1	肥満傾向（肥満度による）	52.0	56.4	56.4
2	糖尿病	0.4	1.0	0.9
3	腎臓病	2.4	3.5	3.2
4	心臓病	11.1	13.6	13.8
5	ぜん息	54.3	45.2	34.0
6	アトピー性皮膚炎	47.6	43.3	36.3
7	アレルギー性結膜炎	47.0	51.5	32.2
8	アレルギー性鼻炎	110.6	135.0	107.1
9	食物アレルギー	43.7	50.5	49.7
10	その他のアレルギー	28.2	33.0	39.0
11	アドレナリン自己注射薬の処方を受けている	2.6	2.1	1.5
12	てんかん等けいれん疾患	6.5	6.6	4.8
13	血液疾患	5.8	1.4	2.5
14	月経に関する問題	0.7	4.9	8.8
15	眼科疾患に関する問題	11.3	9.7	7.9
16	耳鼻科疾患に関する問題	16.3	14.5	12.9
17	スポーツ障害等に関する問題	1.9	10.2	9.4
18	その他	5.5	8.4	11.7

（『保健室利用状況に関する調査報告書　平成28年度調査結果』日本学校保健会, 2018より引用（表3-3, 3-4, 3-5, 図3-1, 3-2, 3-3も同様））

表3-3　心の健康に関する主な事項（学校種別）

（千人当たりの児童生徒数）単位：人

	心の健康に関する主な事項	小学校	中学校	高等学校
19	いじめに関する問題	7.4	7.7	1.8
20	友達との人間関係に関する問題	12.9	22.3	16.3
21	家族との人間関係に関する問題	3.4	9.8	8.8
22	教職員との人間関係に関する問題	1.5	3.0	2.8
23	児童虐待に関する問題	2.6	2.7	1.1
24	不眠等の睡眠障害に関する問題	0.5	2.5	2.7
25	過換気症候群	0.5	3.7	3.6
26	過敏性腸症候群	0.3	2.1	3.2
27	上記26以外の心身症に関する問題	0.7	2.6	2.8
28	性に関する問題	0.3	2.0	2.0
29	拒食や過食等の摂食障害に関する問題	0.3	0.9	1.1
30	リストカット等の自傷行為に関する問題	0.3	4.3	2.4
31	精神疾患(統合失調症, うつ等疑いを含む)に関する問題	0.3	2.0	2.6
32	発達障害（疑いを含む）に関する問題	24.2	21.2	8.9
33	その他	0.8	2.0	2.9

　また，2009（平成21）年の前年の中央審議答申を踏まえて，学校保健法の一部改正が行われた。それには，養護教諭をはじめ，教職員のそれぞれの役割の明確化，および学校外の連携体制づくりから，養護教諭には学校保健活動の中核的な役割の他，校内外の関係者との連携においてコーディネーターとしての役割も強調されている。つまり，養護教諭の職務とは，健康診断，保健指導，救急処置などの従来の職務に加えて，専門性と保健室の機能を最大限に生かした，心の健康問題にも対応した健康の保持増進の実践および，校内外の関係者との連携におけるコーディネーター的役割が求められる。

　その後平成24年日本学校保健会によると，養護教諭の主な役割は以下のようにまとめられている。

(1) 学校内および地域の医療機関等との連携を推進する上でのコーディネーターの役割

(2) 養護教諭を中心として関係教職員等と連携した組織的な健康相談，健康

観察，保健指導の実施

(3) 学校保健センター的役割を果たしている保健室経営の実施（保健室経営計画の作成）

(4) いじめや児童虐待など児童生徒の心身の健康問題の早期発見，早期対応

(5) 学級（ホームルーム）活動における保健指導をはじめ，ティーム・ティーチングや兼職発令による保健学習などへの積極的な授業参画と実施

(6) 健康・安全にかかわる危機管理への対応，救急処置，心のケア，アレルギー疾患，感染症等

◎保健主事を兼務している養護教諭

1 学校保健と学校全体の活動に関する調整

2 総合的な学校保健計画の作成

3 学校保健委員会（地域学校保健委員会）の活性化

4 校内保健組織を核とした組織的な運営と活動

5 学校保健活動の評価（PDCA）等

2．児童生徒が求める保健室のイメージについて

学校には，1947年の「学校教育法」の制定に従い養護教諭の設置が義務づけられている。また，1937（昭和12）年「小学校令施行規則」にて「衛生室」が設置されて，1953（昭和28）年，「学校教育法施行規則」において「保健室」という呼称が用いられ，1958（昭和33）年の「学校保健法」第19条において「保健室」という名称が定着することとなった。

2016（平成28）年度の保健室利用状況に関する調査報告書によると，保健室登校の有無は小学校・中学校・高校において3割以上であり，全体の平均は34％であった（図3-1）。保健室登校していた児童生徒が教室復帰するまでの手立てと日数を表3-3，表3-4に示す。学級担任と保護者との連携は100％に近く，校内組織での対応も90％近くになっている。日数は全体平均は46.3日となっている。

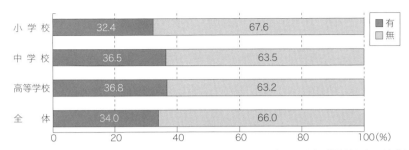

図3-1　平成27年10月から平成28年9月末までの「保健室登校」の有無（学校種別及び全体）

表3-4　保健室登校していた児童生徒への教室復帰に向けた手立て（学校種別及び全体）

(複数回答) 単位：%

	校内組織で対応	個別の支援計画の策定	学級担任・保護者等との連携	関係機関との連携
小 学 校	89.6	36.8	98.2	59.9
中 学 校	86.8	33.9	98.9	53.2
高等学校	79.7	17.1	98.3	48.7
全 体	87.1	33.0	98.5	55.7

表3-5　保健室登校していた児童生徒が教室復帰するまでの平均日数（学校種別及び全体）

単位：日

小 学 校	中 学 校	高等学校	全 体
50.3	47.1	30.3	46.3

　蒲池・高木（2012）が行った調査によると，児童生徒にとって保健室のイメージとして，「安心するところ」とあり，同時に怪我や病気など身体について何らかの手当を受け，安心が得られるところでもある。小学低学年では，高学年に比べて「怖いところ」と答える割合が比較的多く，保健室のイメージができない児童生徒が多いことが想定される。児童生徒にとって，保健室は通りすがりにふっと立ち寄ってみたくなる場所である。あるいは，「優しく」「明るく」というイメージから，保健室は時間や集団行動の枠から離れ，家庭に近い雰囲気があり，緊張がほぐれてなんとなく寄ってみたいところでも

27

ある。そのため，保健室では児童生徒が教室では話せない心の内を話してくれたり，見せてくれるため，養護教諭との連携は欠かすことができない重要なものである。

3．教職員と養護教諭の連携について

学校保健法において，「学級担任・教科担任等」の学校保健において，「学級担任等は，心身の健康問題の早期発見・早期対応に当たって重要な役割を果たしている日々の健康観察，保健指導，学校環境衛生等の日常的な点検など適切に実施する」ことが求められている。つまり，学級担任として日常的な点検の中で，児童生徒の心身を観察することが求められている。しかし，集団としての児童生徒の日常に触れることはできるが，細部まで目が行き届かないこともある。また，前述のように保健室登校の際は，養護教諭が一番近くで長時間児童生徒と共に過ごすことになるため，担任は養護教諭に任せきりにならないように，緊密に連携する必要がある。

4．養護教諭との連携のあり方

千葉（2001）の調査によると，現状として児童生徒の理解を図るための，教職員との情報交換を行う時間が取りにくいことや，援助方針の共通認識が図られにくいことなどから，円滑に援助を行うことが難しいことが課題としてあげられている。たとえば，養護教諭側からは，連携を図るために日頃から，お互いに遠慮せずに情報交換できる人間関係作り，保健教育や保健指導等，その他保健室に関わる仕事以外のことも協働することがあげられた。このためには，教員側としても，養護教諭との関係作りをし，児童生徒のことや保健室の利用状況を聞く，教育相談以外でも養護教諭と協働する，保健室の経営方針の理解をしておくことが有用であると思われる。

第3節　スクールカウンセラーとの連携

1．スクールカウンセラーの役割について（第1章参照）

第1章ですでに説明をしたが，いじめの深刻化や不登校児童生徒の増加な

ど，児童生徒のこころの有り様と関わるさまざまな問題が生じていることを背景として，児童生徒や保護者の抱える悩みを受け止め，学校におけるカウンセリング機能の充実を図るため，臨床心理に専門的な知識・経験を有する学校外の専門家を積極的に活用する必要が生じてきた。そのため，文部科学省は，1995（平成7）年から「心の専門家」として臨床心理士などスクールカウンセラー（以下，スクールカウンセラー）を全国的に配置した（平成7年度では154校）。

　一方でスクールカウンセラーは，その8割以上が臨床心理士（2018年より公認心理師資格ができたため，今後増加するであろう）であり，非常勤職員のため，在校時間が短く，多くは週に8時間（1日に8時間か，1日4時間で2日）程度に限られているため，教員は積極的にスクールカウンセラーとの連携をとることが求められる。

2．スクールカウンセラーとの連携のあり方

　2016（平成28）年度の保健室利用状況に関する調査報告書より，養護教諭とスクールカウンセラーの連携の様子を示す（図3-2）。高校では82.7%が定期的に打ち合わせなどの連携をしている。

　文部科学省（2007）は，スクールカウンセラーの配置の課題として次の4つを指摘している。①スクールカウンセラーと教員との連携が不十分であったり，教員のスクールカウンセラーに対する理解が不十分であったりすることにより，学校ごとにスクールカウンセラーの活用の仕方に大きな差があること。また，②事業の拡大によりスクールカウンセラーの資質や経験に違いが見られるようになり，スクールカウンセラーの資質の向上が必要であること。③スクールカウンセラーへの相談可能時間が短く，曜日が限られており，児童生徒や保護者が相談したいときに相談しづらいこと。④スクールカウンセラーの中には学校職員の一員として，管理職の指導や学校の方針のもとで活動を行う必要があることの認識が十分ではない者がおり，スクールカウンセラーと教員の間で必要な情報が共有されないことがあるとした。そのため，スクールカウンセラーと教員の間で，どのように協働体制を構築していくかが重要な問題となる。

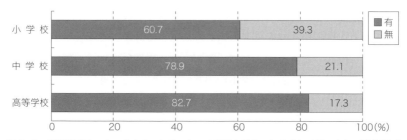

図3-2 養護教諭とスクールカウンセラーとの定期的な連絡・打ち合わせ等の有無（学校種別）

スクールカウンセラーと何をどのように協働するか？

　学校側ではスクールカウンセラー担当教員がキーパーソンとなる。さらに，管理職が，スクールカウンセラーと一般教員が有機的な連携を図れるよう配慮することが重要である。

　スクールカウンセラーは特に着任したばかりのときは，学校・児童生徒・地域・教師の現状把握ができていない。また，非常勤職員のために，馴染むまでに時間がかかる場合が多い。そのために，どのように動くかを模索していることが多く，実情および学校のニーズの情報を共有することは重要である。スクールカウンセラーには，児童生徒のカウンセリングを始める前に，まずは授業の様子だけでなく，給食，掃除，保健室，部活動，登下校などの学校生活の様子を見てもらうことが望ましい。また，学校側のニードを共有するために，まずは管理職とスクールカウンセラー担当教員とが意思疎通を図り，スクールカウンセラーに対するニーズを意思統一しておくことが必要である。また，一般教員のニーズをよく掌握して，スクールカウンセラーに伝わるようにしたい。教員も1人で抱えるのではなく，気兼ねなくスクールカウンセラーに相談し協働することにより，問題を解決することができるようになる。スクールカウンセラーが一日も早く，学校組織の一員となれることが，その機能をさらに促進するであろう。

第4節　スクールソーシャルワーカーとの連携

スクールソーシャルワーカーの役割について（第1章参照）

　児童生徒の問題行動等の状況や背景には，児童生徒のこころの問題とともに，家庭，友人関係，地域，学校等の児童生徒が置かれている環境の問題も複雑に絡み合っていることが多くある。昨今では，虐待の報道も多く記憶にあるであろう。連携としては，情報連携から行動連携へのサポートチームによる地域支援システム作りが進められている。そこで，文部科学省では，2008（平成20）年度からスクールソーシャルワーカーを配置し，教育相談の充実を図った。スクールソーシャルワーカーは教育分野に関する知識に加えて，社会福祉等の専門的な知識・技術を用いて，児童生徒の置かれた問題行動を起こす環境にさまざまに働きかけることで支援を行う。

　また，スクールソーシャルワーカーは，主に「社会福祉士」および，「精神保健福祉士」の資格を有する者が多い。そして，校長の指導・監督の下，次のような業務を行う。①問題を抱える児童生徒が置かれた環境への働きかけ，②関係機関等のネットワークの構築，連携・調整。③学校内におけるチーム体制の構築，支援，④保護者等に対する支援・相談・情報提供，⑤児童生徒へのカウンセリング，⑥児童生徒のカウンセリング等に関する情報収集・提供，⑦教職員への研修活動等である。

　簡単にまとめると，

　教育（教師）：子どもの内面世界に参与

　心理（カウンセラー）：子どもの内面世界に参与

　福祉（ソーシャルワーカー）：家庭等，学校外への働きかけや他機関との連携という3つの役割ということができるであろう。

　2016（平成28）年度の保健室利用状況に関する調査報告書より，養護教諭とスクールソーシャルワーカーの連携の様子を示す（図3-3）。スクールカウンセラーと比較すると低い数値ではあるが，半数ほどが定期的に打ち合わせなどの連携をしている。

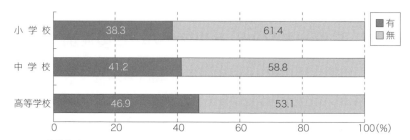

図3-3 養護教諭とスクールソーシャルワーカーとの定期的な連絡・打ち合わせ等の有無（学校種別）

第5節 学校外との連携

1. 学校と関係機関等との行動連携

　文部科学省は，児童生徒の問題行動への対応として，1998（平成10）年から，2004（平成16）年にかけて，4つの報告書を公表した。それらを整理すると，学校は「学校内ですべての問題を解決しようとする『抱え込み』意識を捨て」，状況に応じ，関係機関に相談したり主たる対応を関係機関に委ねたりすることが必要であるとしている。さらに，それまでは「問題行動に関する情報の交換」が中心であった「情報連携」だけでは不十分であり，「互いに意志疎通を図り，自らの役割をはたしつつネットワークとして一体的な対応を行う」連携を「行動連携」と名付け，今後はいかにこの「行動連携」を適切に実行していくかを重要な課題としている。

　これをもとに文部科学省は，学校や教育委員会のみならず，ふさわしい関係機関の職員等が連携して指導・支援を行う「サポートチーム」の取り組みを進めた。「サポートチーム」とは，学校においては，児童生徒の問題行動等に対応するため，教育，警察，司法，福祉，保健，医療等の関係機関から構成されたチームをいう。これは，それ自体が独立の組織として存在し特定の権限を持つものではなく，各関係機関等の権限等の範囲内で，それぞれの機関等の役割を有機的に結びつけることによって，共通の目標を達成しようとするものである。これらがチームとしての学校を実現させる。

2．サポートチームによる対応が有効な場合の例

●事例1　教育相談所と連携した生徒指導上に課題がある児童への対応事例

　ひとり親家庭や外国籍児童の割合が比較的高く，落ち着きがなかったり，基本的な生活習慣が身に付いていなかったりして，集団生活になじめない児童が増加している。生徒指導，教育相談，特別支援教育担当の代表で組織する校内委員会を立ち上げ，連絡調整を行うだけでなく，研修の場となるよう運営を工夫した。月例の校内委員会で，生徒指導上課題があり特別な教育的ニーズがあると思われる児童についての理解と支援方法について綿密に協議し，共通理解を図った。同時に，教育相談所と連携して支援を行う児童についての共通理解を図り，必要に応じて学年毎に関係機関等の職員を招いてケース会議を開いた。保護者の理解の下，教育相談所において教育相談の場を設定するとともに，必要に応じて心理検査等を依頼した。さらに，スクールカウンセラーに，授業や給食等の様子の参観を踏まえて，教育相談所の臨床心理士と情報交換しながら，児童理解と有効な支援方法について助言してもらった。また，必要に応じて，個別の指導計画を作成した。また，ケースによっては，通級指導教室や適応指導教室のほか，警察や福祉，保健・医療の関係機関を紹介してもらい，より適切な連携を図ることができるようにした。特別な教育的ニーズがあると思われる児童の理解と支援の方法について，スクールカウンセラーが事例をもとに校内研修を計画的・継続的に行い，教職員の指導力の向上を図った。教育相談所との連携を密にしたことにより，課題がある児童への対応の仕方が教職員に理解され，学級の規律が回復するとともに学級内の人間関係が改善し，いじめや不登校を防止することができた。

●事例2　保護者や児童相談所と連携した授業妨害を繰り返す児童への対応

　5年生の学級で，A男，B男のわがままで身勝手な行動に他の児童が

同調し，授業がスムーズに進まなかったり，集団行動の規律が維持できなかったりする状況が生じ，対応に苦慮していた。学級がしばしば混乱し，効果的な対応ができない状況が続き，登校をいやがる児童が出てくるようになり，保護者の間でも学校に対する不信感が生まれ，学級担任に対する苦情の声が高まった。学校は，校長や教頭，養護教諭，学年主任などを中心として，学級担任を支えるとともに，学級PTAを開き，保護者としての役割や学校への協力の方策について話し合った。その中で，当面，保護者が日常の授業を参観し，子どもたちの問題行動に対する抑止力になることや，地域においても子どもに社会とのつながりを感じさせる声かけ運動を展開することが決まった。市教育委員会に相談するとともにスクールカウンセラーと連携し，当該児童，保護者のカウンセリングを継続した。また，教頭や学級担任，学年主任が交代で家庭訪問し，当該児童の理解や保護者との信頼関係づくりに努めた。こうした取り組みの効果もあって，一時的に状況が改善した。しばらくすると，保護者の授業参観があっても平然と立ち歩いたり，教室を出て行ったりするようになった。そこで，家庭の問題も含めて児童相談所や民生委員・児童委員などと連携して対応した。その結果，A男とB男は徐々に落ち着きを取り戻した。

（事例1，2とも文部科学省国立教育政策研究所生徒指導研究センター，2011）

課題
- 養護教諭，スクールカウンセラーの学校内での役割についてまとめなさい。
- 養護教諭，スクールカウンセラーと連携する上で具体的に配慮することをまとめなさい。
- スクールカウンセラーとスクールソーシャルワーカーの専門性において，その違い，および重なるところを述べなさい。

〈引用文献〉
文部科学省「教職員のための子どもの健康相談及び保健指導の手引」2011a

文部科学省国立教育政策研究所生徒指導研究センター「生徒指導資料　第4集　学校と関係機関等との連携——学校を支える日々の連携」2011b

文部科学省「生徒指導提要　平成22年3月」2010

文部科学省中央教育審議会「子どもの心身の健康を守り，安全・安心を確保するために学校全体としての取組を進めるための方策について（答申）平成20年1月17日」2008a

文部科学省「文部科学省事業評価 - 平成21年度新規・拡充等——スクールカウンセラー等活用事業等」2008b

文部科学省「児童生徒の教育相談の充実について——生き生きとした子どもを育てる相談体制づくり（報告）平成19年」2007

蒲池千草・高木香奈「子どもの求める保健室像，養護教諭像についての調査研究」九州女子大学紀要，第49巻2号，2012

千葉優美「保健室に来室する生徒への援助における校内での効果的な連携の方法に関する研究——養護教諭の取り組みに関する調査研究から」広島市教育センター平成13年度研究報告書，2001

『保健室利用状況に関する調査報告書　平成28年度調査結果』日本学校保健会，2018

『学校保健の課題とその対応——養護教諭の職務等に関する調査結果から』日本学校保健会，2012

第4章

教師におけるカウンセリングの理論

近年，不登校やいじめ，非行，インターネットトラブル等，学校では児童生徒に関わる問題が多様化・深刻化している。学校では，スクールカウンセラーやスクールソーシャルワーカーの配置が展開しているが，日々，学校で児童生徒に接するのは教師である。教師が児童生徒をよりよく理解し適切に接し異なる専門家との円滑な連携をとるためには，心理学的な知識や経験が欠かせない。そこで，まずカウンセリングが教育に導入された歴史の中での教師がカウンセリングを学ぶことの意味合いを顧みる。続いて，傾聴することの意義，さらに代表的なカウンセリングの理論や基本的な技法を紹介する。

キーワード

カウンセリング，カウンセリング・マインド，共感，受容

第1節　教育現場でのカウンセリングとは？

教師とカウンセリングの関係

　近年の児童生徒のこころの問題に関して，学校ではさまざまな努力がなされているのにもかかわらず，決定的な対応が見出せないという苦慮が続いている。日々児童生徒に接するのは教師であり，教師がカウンセリング理論や技法を学ぶことで，児童生徒をより深く理解し，より適切に接することや，専門機関と円滑に連携をとることが可能となる。

　しかし，わが国においてカウンセリングが教育に導入されてきた変遷を振り返ると，教師がカウンセリングの理論を学ぶことには，教師の中やまた学校内において多くの葛藤が生じていた。まず，教育へのカウンセリング導入の変遷を振り返り，教育現場でのカウンセリングの特徴，そして生じた葛藤，およびそこから生じる教育現場での問題を顧みながら，現代の教師がカウンセリングを学ぶことの意義を考える。

（1）1950年代　カウンセリングの導入期

　1950年代は，戦後の復興期であった。1951年，（後述する）来談者中心療法を中心としたロジャーズ（Rogers, C.R.）の著書の最初の翻訳が出版され，それをきっかけとして，この時期に教育界へカウンセリングが導入された。このカウンセリング理論は端的に言えば「受容的」な態度を基にしている。近藤（1997）によると，この分野の先駆者たちによって，カウンセリングの理論や技法が紹介されはじめ，一部の教師がそれに大きな影響を受け始めた時代となる。この時期の教育とカウンセリングの関係の主要な論調は「教師は，教師であると同時にカウンセラーでなければならない」とする「教師＝カウンセラー論」であった。

（2）1960年代　学校カウンセリングの第1次ピーク期

　1960年代，カウンセリングの第1次ピークが到来する（いわゆる「カウンセリングブーム」という現象が生じた時期）。近藤（1997）によると，こ

の時代は高度経済成長にともなって，子どもに対するマスメディアの悪影響，受験競争の激化など新しい問題が次々と現れ，戦後の非行が第2ピークを迎えた時期であった。そして，この時期は，カウンセリングの知識と精神を心得ていれば，一般の教師でも児童生徒の心をより適切に理解することができ，カウンセラーと同様な働きが期待できると考えられるようになった（氏原，2000）。しかし，これが言うほど容易ではなく，教師＝カウンセラーにおける"役割"の区分という観点が欠落していた。教師でありながら「カウンセラー」であり，カウンセラーでありながら「教師」であるというような重複する役割が不明瞭となった。その結果として，この時期の後半に，学校内における教師とカウンセラーの対立が生じることもあった。つまり，「（受容的な）カウンセリングは"指導"と対立する」など，学校と教師の中に「カウンセリング」が浸透するにつれて，カウンセリングという考え方が「教育の営み」「学校というシステム」「教師という役割」等の現実の壁に本格的にぶつかり始めた時期であった。

（3）1970年代　カウンセリングの衰退期

　1970年代に入ると，受験競争や学歴尊重にますます拍車がかかってくる。あわせて，この時期は，校内暴力などの非行，いじめや登校拒否などが大きな問題となっていた時代である。また，性非行や子どもの自殺などの新しい問題があらわれると同時に，「家庭崩壊」「父親不在」「教師・親の無理解」等が叫ばれ「教育の"ゆとり"を」ということが合言葉のように繰り返されていた時期である。そして，カウンセリングはひと頃のブームが過ぎ去り，教育界におけるカウンセリング志向は衰退していく。ロジャース派の立場を身につけ，それを実践するには「多大なエネルギーを要した」ため，「結局は学校の指導体制の中に定着せず，一部教師から独善的という評さえ聞かれた」ということがあったとされる（近藤，1997）。さらに，この時代に顕著となった暴走族，シンナー遊び，校内暴力など「学校の荒れ」の現象に並行して，導入されたカウンセリングの受容的な態度は「厳しい指導に水を差す」とか「甘えを助長する」と言われ「60年代に芽生えた批判が現実の力となって吹き出し教育界におけるカウンセリングは冬の時代を迎える」（近藤，1997）。

（4）1980年代　カウンセリングの停滞期

　80年代には，教師への暴力や器物破壊などの校内暴力は，生徒指導強化や警察力の導入に伴って減っていくが，その一方で「いじめ」や「不登校児」の問題が社会問題になっていく。1982年には，不登校が2万人を超え，1984年には3万人超えと急激に増加した。そして，いじめによる自殺も話題となる。こうした中，学校カウンセリング論は再び浮上する。この時期には，教育の原理とカウンセリングの原理の相違という観点から教育界へのカウンセリングの安易な導入に関する反省的考察を試みた論文も登場する（近藤，1997）。また，近藤（1997）によれば，「この時期の主要な論調は，これまで以上に教師のカウンセラー的役割を強調するものが多く，『カウンセリング・マインドを持って』というフレーズが頻繁に使われ始める」ようになった。

（5）1990年代　学校カウンセリングの第2次ピーク期

　1990年代に入って不登校数はさらに増加し1995年には8万人，1999年には13万人まで上がっている。さらに，いじめによる自殺件数も増えてくる。このような問題を受けて，文部省は1995年度に，「スクールカウンセラー活用調査研究委託事業」として，学校に外部から専門家であるスクールカウンセラーの導入を開始した。近藤（1997）は，「学校内における教育相談とカウンセリングの重層構造の中では，教師とカウンセラーとの連携が重要となってくる」と指摘している。そのためには，伊藤（1994）は「教師とカウンセラーがお互いに正しい理解を深めて，双方の立場や専門性を尊重すること」が必要であると述べている。その際，「教師としてのIdentityや専門性を大切にし，なおかつカウンセリングを敬遠せずに，カウンセラーの特徴である受容的態度も教育的技法の1つに加えるという姿勢」が教師に求められるとした。

　現在は教師ではなくスクールカウンセラーという専門的なカウンセラーが導入され，教育とは異質な原理を担う人材が直接学校に配置されている。これまでの流れをまとめると図4-1のようになる。

①教師カウンセラー論
教師は教師であると同時にカウンセラーでもなければならない

②教師と役割の一部としてのカウンセラー的精神
教師がカウンセラーとは異なる役割をもつ存在であることを認めたうえで，教師のもつべきその"精神"はカウンセラー的であるべきだとし，カウンセリング・マインドを養成する立場へと移行

③教師とカウンセラーの分業論
教師とカウンセラーの相互が異なる存在であることを認めたうえで，両者が役割を分担する

（近藤（1997）をもとに作成）

図4-1　教育とカウンセリングの関係

　現在は，教師はカウンセラーになるのではなく，カウンセリング・マインドを理解した上で，教育の一部という視点でカウンセリングを学び，専門的に異なる存在であるカウンセラーとの分業が求められる。

第2節　カウンセリング・マインド

　では，カウンセリング・マインドとはどのようなものであろうか。実は，この用語は日本人の造語であり，誰が言い始めた言葉なのか明らかではなく明確に定義がない。しかし，1970年代に，明確な定義がないまま，広まっていたというところにこの言葉の特徴がある。

1．カウンセリング・マインドとは？
　「学校カウンセリング辞典」によると，「教師が教育指導に当たる際に必要とされる相談的な考え方や態度，またはカウンセリングで大切にしている基本的な指導理念，態度，姿勢を示す和製英語」とある。その為にはロジャースの三原則が基本とされている。

ロジャースの三原則とカウンセリング・マインド

　ロジャースの三原則とは，カウンセリングの勉強を始めるときに，まず学ぶ3つの考え方で，①自己一致，②共感的理解，③無条件の肯定的関心があげられる（詳細は次節で紹介する）。

①自己一致

　カウンセラーの役割の根底にある態度であるが，自分に起こってくる感情に開かれていることである。羽間（1997）は，非行少年の相談において，「彼（女）らは，それまでの対人関係における傷つきが大きく，治療者が表面上どのように繕おうとしても，相手の内心の『嘘』や『欺き』にたやすく見破る力を持っている。そこで，『欺き』のある治療は彼（女）に相手をしてもらえない」ということを指摘している。これは，子どもでも同様であり，自分の中に起こってくる感情が時に否定的な感情であってもそれを認める（自らを欺かない）態度が必要である。

②共感的理解

　共感的理解とは，子どものもつこころの基準枠に沿いながら子どもを理解するということである。羽間（1997）によると，子どもを「自分とは別の人間として認め，その上で『あたかも相手になったかのように』感情移入的に理解していこうとする」という絶えざる営みである。

③無条件の肯定的関心

　子どもを1人の人間として尊重し，子どもが表出するどのような感情や態度でも受け入れようとする態度をいう。

2．カウンセリング・マインドが挫折するとき

　教師が子どもたちにカウンセリング・マインドを持って受容的な接し方で教育を行おうと努力をしているが，ときに強く指導しなければいけない場面がある。たとえば，「ふざけて話を聞かない子ども」に対して，「肯定的に子どもを捉えようとする気持ち」や「受容的な気持ち」で接することは，その

態度や振る舞いを助長させてしまうのでは，という葛藤が生じやすい。このように，文字通り「受容的」という視点のみで理解をすると現場において葛藤が生じてしまう。また，カウンセリング・マインドはいわゆる反社会的な行動に対して，他の教師が厳しい指導をしているなかで，「厳しい指導に水を差す」「甘えを助長させる」と批判される所以にもなった。では，この葛藤をどのように乗り越えればよいだろうか。

金山（2011）は，このような葛藤に対して，カウンセリング・マインドのもつ受容的な母性原理を土台として，教師のもつ父性原理を活用するという，学校教育における「アクティブ・カウンセリング・マインド」を提案している。これは，受容的なやさしさのみではなく，それを土台にすることで，厳しさの必要性を時に児童生徒に対して適切に伝えられることを指摘している。すなわち，教師として指導する際には「受容」が基にある児童生徒との関係が第一義であり，しかしそれが全てではなく，それを土台にして活かすことで児童生徒への指導（厳しさ）が適切に伝わりやすくなる，と考えられる。

第3節　傾聴することの意義

傾聴するということは，ただ相手の情報を引き出して問題や悩みを聴くということだけではなく，相手を受け入れ，見守ることにもつながる。つまり，子どもが自らを「語る」ことによって，自分を投げ出して，それが共感的に聴かれることによって，自らの存在を受け止められる体験にもつながる。

1．聴くことの技法
①うなずき（相づち）
子どもが語る言葉をタイミング良く，「そう」「うん」「なるほど」などと，うなずきながら（相づちを打ちながら）聴く。

②繰り返し
子どもの述べている言葉から，内容を深めたいと思われる言葉をそのまま繰り返す。例えば子どもが「もう少し強くなりたい」と言ったとき「もう少

し強くなりたいんだね」と返し自分の述べた言葉を聞かせることで，さらに自分に対する理解を深めることができる。

③要約

　子どもの話が込み入ってきた場合，話が一段落した時に「あなたの話は，こう考えていいのでしょうか」「要するに，あなたの話はこういうことなのですか」などと，それまで聞いたことを要約して子どもに返す。子どもは，自分の話を教員が真剣に聞いてくれていたことを確認できる。

④感情の明確化

　子どもの微妙な感情をありのままにとらえ，それを短く的確な言葉で返す。例えば，「ひとりぼっちで寂しかった」「寂しかったんだね」というやりとりをすると，子どもは自分の感情を整理することができ，自分の課題をより明確にすることができる。

⑤質問

　面談での話をより発展させるために次の点に配慮する。
　①ハイ，イイエで答えにくいような質問をする（オープンクエスチョン）。
　②子どもの話していることに関係のあることを聞く（話の腰を折らない）。
　③教員の都合や興味本意からの質問はしない。
　④子どもの気持ちに配慮しつつ，問題を引き出せるような質問に努める。

⑥支持（ある程度，信頼関係が形成された場合は特に意味がある）

　「よくできたね」など，子どもや保護者の語る感情や行動を，積極的に評価する（勇気づけ）。

　形式的な技法として聴くのではなく，その背景には子どもとの間に「信頼感（ラポール）」がなければ，言葉の背後にあるこころに寄り添うことができない。そして，言葉について，特に小学校低学年においては，まだ言語的な発話能力が獲得されておらず，自分の心の内を言葉によって話すというこ

とが難しいことが多い。そのため，聴き方にしても特別な配慮を要する。

2．内閉的な子どもに対するアプローチ——「心の窓」論

　子どもの話を聴くとき，問題や課題について直接それについて触れてしまうと，まだ子どもにとって心の準備ができていない場合，問題に直面させられることになり，余計に言葉にできなくなってしまったり，時には傷つきを体験することもある。また，不登校児にあるように，心に対して内閉的な児童にとって，外からの無謀な語りかけは，子どもにとって暴力的な経験となりかねない。このような子どもに対して，山中（1978, 2006）は「少年といえども“完全な一個の人格”であって成人同様の尊敬と愛情をもって接する」ということを前提に，子どもが持つ「心の窓」から接触していくあり方を提案している。心の窓とは，「少年たちの“内的なイメージ”を主な媒体として関わる」ということであり，それは捉えどころのないものなので，「それらが外界に導き出された形をとったものを使用する」としている。具体的には，「釣りが好き，ある音楽グループが好き，という子どもの自分なりのこだわりを『窓』といっている。『窓』という言葉は，例えば釣りの世界を『窓』にしてそこから外を見ようとしているのだという意味をこめて，あえてこだわりと言わず『窓』と言っている」ということで，絵画であれ，夢であれ，写真であれ，趣味であれ，子ども1人がもつ「窓」に支援者が同調する中で，子どもにこころを見出していくという方法である。

第4節　カウンセリングの理論

1．来談者中心療法（client-centered therapy）

　来談者中心療法は，1940年代に米国のロジャースおよび，彼の共同研究者たちによって展開されてきたカウンセリングの立場である。また，この療法は，カウンセリングの基本とも呼べる技法で，「人間は誰しも潜在能力や自己成長能力として自己実現傾向を持っている」という考えが土台にあり，それらを阻害する外的圧力を取り除きさえすれば，人は自然と良い状態に成長できるという考え方に基づいている。すなわち「カウンセラーがクライエ

ントの気持ちを受容し，共感的に理解すれば，クライエントは自ら立ち直っていくだろう」という考え方である。不適応や精神疾患は，クライエント自身の評価やイメージのまとまりである自己概念の中に経験的自己をうまく取り込めず，否認や抑圧，または歪曲するといった自己不一致の状態に置かれることで生じるのであって，来談者中心療法の目的は，症状の消去ではなく，自己概念と経験的自己の「自己一致」を目指すところにある。そのため，カウンセラーは「無条件の肯定的関心」をクライエントに寄せ，クライエントの感情的表現に対して「共感的に理解」し，表現された感情的内容をそのまま，もしくは要約して返すことによって伝えるという作業を行っていく。これは「感情の反射」と呼ばれ，明確には理解していなかった真の感情状態への気づきが可能となり，「自己一致」の状態に至るとされる。最初は，非指示的カウンセリングと呼ばれていたが，その用語がカウンセラーの技法性や受身性を強調してしまうことから，その後，ロジャースは来談者中心という名称を用いるようになった。

来談者中心療法の実際

ロジャースは，カウンセリング関係において，クライエントの建設的な変化をもたらす表4-1のような心理治療のための条件を挙げている。

この中で，前節で触れた，「自己一致」は③，無条件の肯定的配慮は④，また共感的理解は⑤にあたる。これは，この3要素は，心理療法だけでなくあらゆる人間関係で重要なものとされる。

2．行動療法（behavior therapy）

行動療法は，米国のスキナー（Skinner, B.F.）のオペラント学習，英国のアイゼンク（Eysenck, H.J.），南アフリカのウォルピ（Wolpe, J.）による，逆制止，系統的脱感作，バンデューラ（Bandura, A.）による社会的学習論がその背景に挙げられる。そして，客観的に測定可能な問題の「行動」を標的（ターゲット）として，望ましくない不適応的な「行動」を減らし，望ましい適応的な「行動」を増やしていく治療法である。つまり，その人の，その問題ごとに，学習に関するいろいろな原理や理論や研究結果を応用しなが

表4-1　ロジャースの心理治療のための条件

①相談者（クライエント）と支援者（セラピスト）との関係：カウンセリングの成立には2人の
　人間が心理的な接触を持っている最小限の関係が必要である。

②相談者の状態：相談者は不一致の状態にあり，傷つきやすく，不安定の状態にある。不一致と
　は，「あるがままの自分」と「こうなりたい自分」に矛盾が生じている状態である。

③関係における支援者の純粋性：支援者は，相談者との関係のその時間において「あるがままの
　自分」と一致していなければいけない。

④無条件の肯定的配慮：支援者は，相談者に対して無条件の肯定的な配慮をしていることが重要
　である。たとえ，相談者が拒否的な態度，否定的な態度をとったとしても条件をつけずに，あ
　たたかく受容するという態度が重要である。

⑤感情移入：支援者は，相談者の感情の枠組みのなかで相談者の感情を理解することが重要であ
　る。相談者のこころの様子を，「あたかも」自分自身であるかのように経験していく，またそ
　れを相談者に伝えていく。

⑥相談者とのコミュニケーションの中で伝える：相談者が無条件に肯定的配慮をしていること，
　また共感的に相談者の話を経験していることを，相談者とのコミュニケーションの中で伝える。

ら，「行動」の変容のための仮説をたて，治療を行い，それを検証していく。
特徴として，「行動」の習慣行動（行動パターン）を観て，連鎖を考え，ター
ゲットとなる行動の維持要因を行動の連鎖に沿って明確化する。これを機能
分析（ABC分析）という（図4-2）。具体的には，「行動」が，①どのような
状況で起こるか（直前），②どんな行動で起こるか（行動），③直後にはどの
ような結果が起きているかを分析する（結果）。

　さまざまな方法があるが，本稿では行動療法の1つである機能分析の例を
考えるために「毎回，教室で騒ぐA」はどのように分析できるか考えてみる。

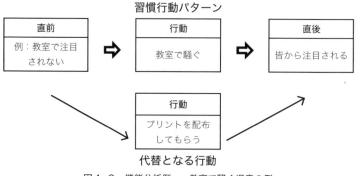

図4-2　機能分析例——教室で騒ぐ児童の例

　教室で騒ぐことによって，「注目なし」→「注目あり」という具合に，Aの行動によってAの状況が変化する。つまり，「騒ぐ」ことによってクラスの注目が集まるという経験をすると，将来同じ状況（注目なし）に直面すると，Aにおいて教室で騒ぐという行動がまた起こるという可能性が高くなる。この場合は，「騒ぐ」という行動によって，「注目」が出現し，Aは「注目」を獲得するために，行動として教室で騒ぐという行動を取っていたと説明することができる。

　このように機能分析を行うことで，Aの習慣行動のパターンが明らかになり，対応策も考案することができる。たとえば，「Aには毎回プリントを配布する係を担ってもらう」という対策を立てる。つまり，プリント配布係になることで，Aは授業中に立ってプリントを配ることで「注目」を獲得することができる。そして，またその行動は，騒ぐという行動に比べて適応的（望ましい）行動である。この他にも，児童生徒が他の児童生徒のことを叩く，課題に従事しない，大声でしゃべる，等についても機能分析をすることで客観的な習慣行動のパターンと，それの対応案を具体的に考案することが期待できる。

3．認知行動療法（cognitive behavior therapy）
　認知行動療法は，クライエントの抱える心理社会的な問題に，主に「認知」と「行動」の両面からアプローチする体系的な心理療法である。位置づけと

しては，ベックが提唱した認知理論と行動療法が統合され，発展したものである。混乱した考え方のバランスを取ってストレスに上手に対応できるこころの状態をつくり，適応的な反応の学習・実行を助ける。つまり，「考え方を変える」（認知）と「実際にやって試してみる」（行動）を重視した治療法とも言える。本稿では，認知行動療法の基本といえる「外在化」を取り上げる。

「問題の外在化」は，子どもの抱えるこころの問題を分離させる（外に出す）ことを可能にする技法である。たとえば，こころの問題は，まるで自分と一体化しているように感じてしまいがちであるが，外在化を行うことで，「問題」のみ客観化されて，本人と問題が切り離される。このように問題が本人と切り離されることで，「自分が悪い」のではなく「問題が悪い」と考えることが可能となり，責任の所在が自分から問題へ移行する。このようにすることで，本人の自尊心を守りながら，具体的に問題に対してアプローチすることが可能となる。理解を促すために，ある中学一年生女子の実践例をあげる。

●事例1　認知行動療法の実際──「問題の外在化」について
【周りが自分に悪口を言うという被害妄想に悩む中学1年生女子B子】
　人見知りの強い性格のB子であったが，1学期をへて次第にグループができた。持病のアトピー性皮膚炎の症状が足首から膝下に出ており，普段は長めの靴下で隠していたが，プールの時間にそれがあらわとなってしまい，同じグループの友人から指摘された。それから，極度に自分がどう思われるか，人の目が気になるようになり，あげくには自分が噂されている，とふさぎ込むようになり，学校を休みがちになった。
　担任は，B子に会い，状況を丁寧に確認しつつ，気持ちや考えを紙に書き出し，生じてくる恐怖の感情に「きょうふくん」という名前をつけた（外在化）。そして，「きょうふくん」はどのような時に出てくるのか，出てきたときにどのような考えが頭に浮かぶのか。また，その時の気持ち，また体はどのように反応するのかについて詳しく書きだした。「きょうふくん」が出てくるたびに，その対処を担任と共に考えていくと，B子は，客体化された感情（きょうふくん）が自分を脅かしていることに気づいた。さらに，いったん脅かされると，自分の考え方（認知）に歪

みが生じていくことに気づいた。このような対処を実践していくことで，時には「きょうふくん」が出現することはあるが，その都度，自分の中で外在化して，心から切り離し，自分の中で対処・コントロールすることができるようになった。

4．当事者研究（self support study）

当事者研究とは，北海道浦河における「べてるの家」からはじまり，統合失調症など精神障害当事者やその家族を対象としたエンパワメント・アプローチである。これには外在化などの認知行動療法的な要素，ソーシャルスキルトレーニング（SST）も含まれており，当事者自らが，自分の困難や苦労から生じるジレンマや葛藤を「自分の"大切な"苦労」として捉えるところに特徴がある。そして，「自分の"大切な"苦労」を眺め，それを言葉やイラストを通して外在化し，自らの苦労のパターンや症状に名前をつけ視覚化する。さらに，苦労に対する対処等をグループの中で考え，仲間と共に苦労や困難を自らの「研究テーマ」として理解を深めていく。これは誰しもが持っている「苦労」として仲間に共有されやすくなる。これは，当事者の自立とともに周囲との共助の可能性の開かれるアプローチといえる。

北村ら（2019）は，教育領域における当事者研究のアプローチを試案している。特に発達障害の支援において，教育現場では，対象となる児童生徒が合理的配慮のもと，結果として「保護される・管理される」構図となり，①本人が周囲に依存的になりやすい（自立が促せない），②支援を受ける対象として特別視されやすい，③発達障害のある子と周囲の関係に働きかけにくい点を指摘している。

そこで，当事者研究のアプローチを用いることで，医学的な診断による区分から離れ，当事者自らが自分を「研究」を行い，主体的に自己を理解して，共有することにより周囲との共助の可能性が開かれる点を指摘している。

●事例2　学校内での当事者研究の実際
【医学的診断としてADHDの診断を受けている小学校1年生のC】
入学当初から，Cは教室内での立ち歩きが目立ち，特に体育や休み時

間の後などは興奮がとまらず，隣の児童のノートやペンを取り上げたり，廊下への飛び出しが続くなど，教室での適応が難しかった。1学期，担任はまずクラス運営に力を注がねばならず，授業をすすめるためCを口頭で指導することでしか対応できなくて，それに対して周囲の児童のCに対する不満が増し，同時にCにも担任や他の児童に対する反発心・反抗心が生じてきた。

　そこである日，担任は，放課後の時間を使い，C本人と関心がある児童に「自分を知ろうゲーム」（当事者研究）をしようと誘い，児童それぞれの困難，苦労に焦点をあて，その体験を黒板に書き出させた（外在化）。複数回実施しているうちに，Cは，自らの感覚を「ソワソワくん」「イライラくん」「ムズムズくん」として視覚化し，名前を付け，イラストを描いてキャラクター化した。それがどんな性格なのか，いつやってくるのか，そのキャラクターと仲良くするための対策は何かについて，教員も含め参加した児童と一緒に共同で研究を繰り返した。見えてきたのは，おなかがすくと「ムズムズくん」がやってきやすく，そのあと「ソワソワくん」に変身して，最後には「イライラくん」になるという。

　参加したメンバーで対策を考えると，まず，「おにぎり」を持参すること，おなかがすく前に食べるという対策をたてた（保護者にも研究を共有しCの理解が促進された）。また，休み時間のあとや給食前は「ムズムズくん」がやってきやすいことが分かったので，休み時間，教室に入る前に一度保健室に入り5分間気持ちを整えてから教室に戻る。そして，「ソワソワくん」が出てきたとしても，その旨を担任に報告し，授業中でも退室を許可し，一時保健室にて休憩して戻ることを実施した。

　担任もCの研究を共有することで，たとえCが不適応行動を起こしても，それまで「C！　何回言えばわかるんだ！」とCを感情的に指導していたのに対して，外在化されたキャラクターを「イライラくんが悪さをしているよ！」と注意することで，C自身も自分が責められているという感覚が減り，むしろCは自分の感覚に気づいて，自らで保健室に行くなどの自助自立的行動を促せた。また，周りの児童も迷惑をかけられ，また「発達障害」だからと特別視されるCに対して我慢を重ねており不

満を持ちやすかったが，「研究」を共有することで，教室の中では，これまで見えなかったCの感覚が外在化（視覚化）され，Cの苦労や困難の理解が促され，学期末にはCの取り組みを応援するようになっていった。

5．遊戯療法（play therapy）

遊戯療法とは，遊びを通して子どもと交流（関係）し，それによって子どもの心身や行動のあり方に好ましい変化や成長をもたらすことを目指すものである。さまざまなやり方があるが，代表的なものとしてアクスライン（Axline, V. M.）が考案した非指示的遊戯療法（non-directed play therapy）がある。また，直接遊戯療法は行わないまでも，学校生活において教師—児童生徒の間で「遊び」が展開されることは少なくない。弘中（2000）は，遊戯療法における「遊び」の意義を8つ挙げている。教師も遊ぶことの意義を踏まえておくことで，「遊び」を通しても児童生徒を理解して，成長を促すことが期待できる。

表4-2　遊戯療法における「遊び」の意義

①関係の絆としての遊び	遊びを用いることによって，言語的なコミュニケーションとは異なる子どもとの関係が結ばれ，維持され深まる。関係を通して信頼を深めることで，子どもは一層自由に自分の内面を開き，遊びを通じてそれを表現し，成長的な展開が促進される。
②認められ，大切にされる体験の場としての遊び	支援者が子どもの遊びを大切に扱うことによって，子どもは自分が認められ，大切にされていると感じる。それ自体，子どもの成長を促すもので，健康的に生きるために最も重要な自己肯定感や信頼感となる。この肯定感や信頼感に基づいて，子どもの対人関係は積極的に変容することが期待される。
③人間関係の投影の場としての遊び	遊びの中では，支援者はさまざまな役割を求められる。その求められる役割の中に，子どものこころの中にある重要な人物が投影されていることが少なくない。遊びの中で子どもは支援者に対して，思う存分，依存したり，支配したり，対決したりすることができる。もし，支援者との関係が子どもの問題を集約的に表す性質のものであれば，子どもと支援者の関係を大切にすることを通して，子どもの抱えている問題を扱い，解決に導くことも期待される。
④カタルシス・代償行動としての遊び	子どもは，夢中になって遊ぶことによって，鬱積した感情を発散して解放感を得たり，心身の状態のよい水準を保つことができる（カタルシス）。また，現実では追求することが困難な願望・衝動を遊びの中で達成させて代償的な満足を得ることができる。
⑤表現としての遊び	言葉ではとても言い尽くせないような深くて複雑な思いを，遊びの象徴的表現は適切に表すことができる。
⑥心の作業の〈場〉・〈手段〉としての遊び	子どもが抱えるこころの課題が，遊びという心的活動で取り扱われ，遊びの中で子どもはさまざまなことを体験し，癒されたり成長を促されたりしていく。
⑦意識化・意識化以前の体験としての遊び	子どもの遊びはイメージや身体感覚とも密接な関係にあるが，それは言語で説明できるような水準ではない。遊びは，このような前概念的水準の体験を豊富に引き起こし，子どもに経験を促すことでこころの成長をもたらす。
⑧守りの機能	遊びは，子どもにとって重要なさまざまな心的活動を実験するための強靭な容器である。子どもの行動が「遊びの枠」に収まることによって，遊戯療法の場が治療的に守られる。つまり，現実場面では，とうてい受け止めきれないようなことでも，それが遊びとして，遊びの場で生じることで，受け止められ認められる。

（弘中（2000）をもとに作成）

課題

・教師の専門性を活かしながらカウンセリングを学ぶことの意義を考察しなさい。

・カウンセリング・マインドとは何か，具体例を挙げて述べなさい。

・カウンセリングにおいて「共感する」と「同情する」の違いを考察しなさい。

・関心のある療法をあげ，その理由を述べなさい。

〈引用・参考文献〉

伊藤美奈子「学校カウンセリングに関する探索的研究——教師とカウンセラーの兼務と連携をめぐって」教育心理学研究42，(3)，298-305，1994

氏原寛『実践から知る学校カウンセリング——教師カウンセラーのために』培風館，2000

金山健一「カウンセリングマインドと教師」児童心理，8月号，No.936，2011

北村篤司・川崎隆・金田一賢顕「教育領域における当事者研究を応用した支援モデルの検討——発達障害概念を変革するためのアプローチの試案」日本質的心理学会第16回大会プログラム抄録集，101，日本質的心理学会，2019

近藤邦夫「クライエント中心療法と教育臨床」こころの科学，第74巻，64-68，1997

杉山尚子『行動分析学入門——ヒトの行動の思いがけない理由』集英社新書，2005

スタラード，P.『子どもと若者のための認知行動療法ガイドブック——上手に考え，気分はスッキリ』下山晴彦訳，金剛出版，2008

羽間京子「治療者の純粋性について——非行臨床から得られた知見」こころの科学，第74巻，54-58，1997

弘中正美「遊びの治癒的機能」日本遊戯療法研究会，遊戯療法の研究，精神書房，2000

プラウティ，G.『プリセラピー』岡村達也・日笠摩子訳，日本評論社，2001

森村美智子「子どもの当事者研究」熊谷晋一郎編，臨床心理学，増刊第9号，金剛出版，2017

山中康裕『心理臨床学のコア』京都大学学術出版会，2006

山中康裕『少年期の心——精神療法を通してみた影』中公新書，1978

第5章

児童生徒理解

この章では，教員としての児童生徒理解を考える。児童生徒を理解するために必要な情報・資料収集の方法について及び理解するための視点，理解した後の対応方法を学習する。また，発達課題という視点から児童生徒の心理を学習する。

キーワード

児童生徒理解，理解の方法，サイン，心理検査，発達課題

第1節　児童生徒を理解する

第1章でも述べたが，読者には文部科学省より，2010年3月発表され，2011年4月一部改訂された「生徒指導提要」を読むことをお勧めする。児童生徒理解に関する一部を下記に示す。教員が，日常生活のなかで信頼関係を構築することは言うまでもない。

児童生徒理解に求められる姿勢

教科指導においても生徒指導においてもその他のどのような教育活動においても，教育実践が成果を上げるための大前提の一つは児童生徒理解です。なかでも生徒指導においては児童生徒理解そのものが教育的関係の成立を左右するといっても過言ではありません。人は理解してくれている人には安心して心を開きますが，理解してくれていない人に対しては拒否的になり，心を閉ざしたまま対応するものだからです。しかも生徒指導においては愛と信頼に基づく教育的関係が成立していなければその成果を上げることはできません。

そのため生徒指導においては共感的理解が求められるのです。児童生徒を共感的に理解するためには児童生徒について，また児童生徒の生育歴や環境などについて客観的事実を知る必要があります。生徒指導はまず児童生徒理解から始まると言えるでしょう。

ところが，児童生徒一人一人を理解しようとするときに，最も困難な問題は，児童生徒がすべて個性的な存在であるということです。それぞれ独自の特徴をもち，一人として同じ者はいません。すべての人の人格はその個性の上に成り立っています。生徒指導において，それぞれの児童生徒の人格を望ましい方向に形成させようとするときにも，それぞれの個性を生かし，個人のもつ特徴に従って進められなければなりません。

このためには，児童生徒のもつそれぞれの特徴や傾向をよく理解し，把握すること，言い換えれば，児童生徒理解が不可欠なのです。児童生徒をよく理解することによって，長所や短所もはっきりすることになり，

また，いつ，どのような方法によって指導するのが最も効果的であるかということも明らかになるといえます。

1．理解とは何か

児童生徒理解という言葉をよく耳にするが，児童生徒を理解するということは，何をすればよいのだろうか。何をすると「理解した」ことになるのだろうか。そして何を理解すればよいのだろうか。このようなことをご自身の中で考えながら，読み進めてほしい。

読者の皆さんは，誰かに相談をした体験があるだろうか。他人に相談する場合，何かを語らなければ始まらない。語り始めた時に，一方的にアドバイスやお説教をされたりすれば，決めつけられたように思え，これ以上語りたくないという気持ちになるであろう。すなわち，相談の際に他者を理解するためには，相手に語ってもらうことが必須となる（そのための技法としては，第4章の教師におけるカウンセリングの理論を参照）。相談の手段としては，言語で語ってくれる場合が多いであろう。しかし，人前で語ることに躊躇を覚えたり，語ることができない場合もある。後述するこころの表現を参照してほしいが，児童生徒は言葉でなく，絵や作品，遊びなどで語りかけてくることもあり，それらを通して児童生徒を理解することも可能となる。

児童生徒を理解するためには，レッテルを貼ったり，決めつけたりするのではなく，客観的に多視点から児童生徒を見ていくことが大切である。そして，他者を理解するということは，たやすいことではなく，非常に難しいことをこの章で学習しようとしている，ということを念頭に，謙虚な気持ちで学習してほしい。

2．不登校の例における理解

たとえば，不登校になってしまった児童生徒をどう理解するかを考えてみよう。教育相談の目的は登校を再開させることだろうか。

小学校は義務教育なので，教員として登校するように働きかけることは必要である。学級の一員としての居場所を確保しながら，かかわり続けることも大切である。

しかし，不登校という行動のみを捉え，学校に来なさい／来たほうが良い，と指導したところで，学校に行こう／行きたい／行ってみようと児童生徒の気持ちが変わる可能性は低い。このように，目に見える行動のみにアプローチすることは非常に表面的なかかわりとなる。なぜ学校に来ないのか／来れないのかという原因，すなわちこころを無視したのでは，真の理解にはならず，児童生徒も自分が理解されたと感じることはない。行動は表面に現れるために，早期発見のキーとなるが，その行動を起こしているこころは目に見えないために軽視されがちである。児童生徒を理解していくためには，なぜその行動をするのかと，行動の発生源であるこころを考えてみることが必要である。

　すなわち，不登校をすることで，その児童生徒は何を伝えたいのだろうか，不登校が児童生徒のメッセージだとしたら，児童生徒はなんと言っているのだろうかと考え，行動からこころを読み取っていくことが理解といえる。

3．早期発見を助けるサイン

　私達のこころは目に見えない。しかし，目に見えないこころが目に見える形となって現れてくる現象をサインという。上記2で考えた不登校もサインである。学校に行かないことで，目に見えないこころを周囲に伝えようとしているのである。

　サインに気づくためには，観察が非常に大切となる。顔色や声の調子はどうか，どんな表情をしているか，妙に落ち込んだり，逆に元気すぎることがないか，など本人の様子を観察することはすぐにできる。このように目に見えないこころの調子を目に見える形で伝えてくるので，教育場面では児童生徒や保護者のサインに教員が気づき，問題の早期発見・早期解決につなげるということが大切であるといわれている。

　サインには，大きく分類すると，身体的サイン，情緒的サイン，行動的サインがあり，これらは複数が同時に生じることもある。また，これ以外にも作文や作品，時には答案などにこころを表現する場合もあるので，注意深く目を通すことが必要である。

表5-1　サインの分類

身体的サイン	顔色の変化，痩せる・太る，声の調子，痛みを訴える，など
情緒的サイン	喜怒哀楽が激しくなる／なくなる，すぐに泣く，笑わない，よく笑う，怒りっぽい，落ち込んでいる，高揚する，興奮しやすい，我慢できにくい，一人になるのを嫌がる，など
行動的サイン	話さなくなる，人を避ける，暴力的になる，言葉づかいが変わる，だるそうになる，服装や外見が変化する，学校を休むようになる，面談などをキャンセルする／無断で休む，リストカット，大量服薬，など
表現からのサイン	作品，作文，答案などにこころを表現する場合がある

　サインは児童生徒だけではなく，保護者も同様である。直接観察は難しくとも，父母会の不参加，提出物の未提出，頻回な電話などの行動的サインに気づくことができる。また，子どもたちの話からサインに気付くこともできる。

　サインを早期発見するためには，日頃から児童生徒をよく観察し，理解していることが要となる。小さな変化に気づけるかどうかは，教員の資質にもかかわってくるからである。サインに気が付いたら，必ず「気づいているよ」「見守っているよ」というサインを送り返すことが大切である。サインを送り返すといっても，大袈裟なことではなく，さりげなく「大丈夫？」という簡単な声かけでも構わないし，「おはよう」という一般的な声かけでも構わない。見て見ぬフリをすることは避けなければならない。

第2節　児童生徒理解のための方法

1．正しい理解をするための資料・情報収集

　本人や保護者に直接アプローチ（面接など）する前に，自分でできることをしておくことが必要である。前もってその児童生徒にまつわる情報を収集する。たとえば，家族構成，成績，現在までの適応状況などは調査書などから容易に知ることができる。前の学年の担任に様子を聞いたり，他の教員からみた最近の様子を聞く，児童生徒が書いた日記や作文なども読み直してみるなど，さまざまな情報収集が可能である。もちろん，これらの情報は何か問題が起きてから収集するのではなく，学年の始まりなどに事前準備として

目を通している教員が多いであろう。

　さらに自分自身の目で観察をすることが大切である。友人関係，授業中の様子，教員への態度などはすぐに観察できる。そのうえで，児童生徒が起こした行動について考えていくのである。

　先に提示した生徒指導提要のなかには，「児童生徒の様々な情報を収集する目的は，的確な児童生徒理解に基づいた生徒指導を行うことです。個人情報保護法の施行により，学校も児童生徒についての資料の収集や取扱いにこれまで以上の注意を払わなくてはならなくなっていますが，児童生徒の自己実現を目指し，自己指導能力を育成するためには，児童生徒をより深く理解する必要があります。それは，児童生徒，また，彼らを取り巻く環境について，計画的，多面的，継続的に資料を収集，共有することから始まります」と記されている。

　資料収集の方法の主なものとしては，1．観察，2．面接，3．実験，4．作品等，5．心理検査などの調査，がある。1．観察は，一人ひとりを日常生活の中でよく観察し，自然な姿や振る舞いを観察する方法と，なにがしかの統制を加えた条件下で観察する方法がある。衣服や身体的な観察は時に虐待の発見につながることもあり，摂食障害などの病気を発見することにもつながる。一方，行動観察もまた非常に有用である。非言語で伝えてくることをしっかりと目で捉える。2．面接としては，自主来談面接，呼び出し面接，チャンス面接などがあり，児童生徒との関係性や問題の質により，どのタイプの面接をするかを判断する。面接は守秘義務が伴うため，情報開示については，本人の了承を得ることが必要である。特に不用意に教員がいじめの加害者にアプローチしたために，「チクリ」と捉えられ，いじめが深刻化するようなことは避けなければならない。小学生の場合は保護者の了承を得ることが必要な場合も多い。たとえば病名を伝えられたときなどに，了承を得ずに開示すると個人情報保護法に違反した行為となる。3．実験は，条件を厳密にし，統制下での因子同士の比較などを行う。4．作品等は，児童生徒の作文や作品，音楽美術などの作品などを自己表現ととらえ，こころを読み取っていく（第4節参照のこと）。5．心理検査などの調査は，心理検査という客観的なデータを用いて，児童生徒の性格や発達などをとらえていく。

２．理解を助ける心理検査等の情報

　上記のように収集した資料を，より客観的にするデータとして，心理検査がある。心理検査には大きく分類すると，知能検査，発達検査と性格検査(パーソナリティをみる検査）がある。教員は心理検査を実施することはないが，結果をみることはあるため，簡単に理解の仕方を学習する。

　発達障害と診断されている児童生徒は，病院や教育相談所などで知能検査（WISC児童用，WAIS成人用など）を受けているはずなので，そのデータをもらい，よく結果を検討すると有用である。FSIQ（全検査IQ）は平均された数値なので，それよりも言語理解指標（VCI），知覚推理指標（PRI），ワーキングメモリー指標（WMI），処理速度指標（PSI）という４つの指標をよく検討し，さらには一つ一つの設問について回答状況をみると，得意な分野，不得意な分野がよくわかり，本人の特徴を把握することができる。

　性格検査においては，教育相談所ではバウムテスト（実のなる木を描く）やHTP（ハウス，ツリー，パーソン）などを行うことが多いので，教員が目にする機会が多いものである。これらは投影法とよばれる検査であるが，描かれた絵を見てそこに投影（映し出）したことから性格特徴を読み取るものである。たとえば，木の様子（幹と樹幹のバランスなど）から本人の精神的な安定性をみたりする。投影法検査の代表的なものは，左右対称のインクのシミでできた図版を見せるロールシャッハ・テストがあり，無意識から意識まで，広い理解を得ることができる。

　性格検査には質問紙法とよばれる検査もあり，エゴグラム，Y-G性格検査，CMIなどがここに分類される。その名の通り，質問に回答する形の検査である。質問紙法は投影法に比べ，意識に近い水準の特徴を把握する検査である。

表5-2　代表的な心理検査

知能検査		WAIS，WISCなど
性格検査	質問紙法	エゴグラム，Y-G，CMIなど
性格検査	投影法	ロールシャッハ・テスト，文章完成法，HTP，バウムテストなど

第3節　児童期・青年期の発達課題

　発達課題とは，一般に「発達のそれぞれの時期で個人が果たさなければならない課題」と捉えられており，誰しも乗り越えるべきハードルのようなものである。

1. エリクソン（Erikson, E.H.）の発達課題
　表5-3にエリクソンの心理社会的発達理論における発達課題を示す。

表5-3　エリクソンの心理社会的発達課題

発達段階	発達課題	危機
乳幼児	基本的信頼感	不信感
幼児前期	自律性	恥・疑惑
幼児後期	自発性	罪悪感
児童期	勤勉性	劣等感
青年期	同一性（アイデンティティ）	同一性拡散
成人初期	親密性	孤立
成人期	世代性	停滞性
成熟期	統合性	絶望

　エリクソンは，児童期の発達課題としては勤勉性の獲得，青年期の発達課題としては同一性（アイデンティティと訳されることも多い）を模索し確立することとしている。

　小学生になり，子どもは，勉強，スポーツ，学級の係活動，習い事，家庭での手伝い等を通して，将来大人になって必要とされる様々な知識や技能を身につけることを期待される。そうした活動に対して，勤勉に取り組み，やり遂げることによって，子どもは，自分の能力に対する自信や達成する喜びを得ることができる。つまり，勤勉性の獲得とは，「努力すれば自分なりにできる」というような「自己効力感」，「自信」，「有能感」を身につけることなのである。一方，他者から否定的な評価を受けたり，うまく達成できなかっ

たり，仲間よりも劣っていると感じ，そうしたことにこだわりを持ち続けてしまうと，子どもは，「自分は何をしてもうまくいかない」という劣等感を持ってしまうことになる。こうした劣等感は，次期の青年期におけるアイデンティティの形成を難しくするといわれている。

　青年期において，同一性を模索するということは，自分はどういう人間なのか，自分らしさとは何か，と自分自身に向き合い，将来に向け，社会の中での自分の在り方や役割を確立していくことである。進学や進路の選択などに向き合わざるを得ない時期でもあり，自我理想という夢の段階から，現実を検討しながら選択するという，人生の重要な結論を導くために悩む時期でもある。エリクソンはアイデンティティを確立するまでの期間をモラトリアム（猶予期間）ととらえている。多くの青年は成功体験，失敗体験，挫折などを繰り返しながら，時間をかけてアイデンティティを確立するものである。

　それでは，親や教師をはじめとする大人は，子どもの勤勉性の獲得のために何ができるだろうか。まず，学業だけでなく前述したような様々な領域において，子どもの興味・関心を大切にし，子どもが自主的に取り組めるような環境を整えることが重要である。学業，スポーツ，習い事等であれば，子どもの現時点での発達水準を明確にし，その子どもが頑張れば達成できるような課題を設定する。そして，子どもがその課題を達成できた時には，「すごいね」「よく頑張りましたね」等と褒めたり，認めることが，子どもの自己効力感の獲得につながる。こうした児童期における自己効力感の獲得は，次の青年期のアイデンティティの模索という不安定な時期を乗り越えていく力になっていく。

２．学校生活への適応
子どもの発達の特徴と学校生活

　第10章にも述べるが，小学校入学には母子分離が課題となり，小学校という新しい環境への適応が重要となる。遊びや生活を通して学ぶことが中心であった幼稚園・保育園と違い，小学校では，決められた時間割の教科を集団で学ぶことが多く，児童にとってはこうした新しい環境に適応すること自体が大きな課題である。こうした課題を乗り越える前提として，エリクソン

の理論における「基本的信頼感」「自律性・自発性」といった，児童期の前段階である乳幼児期の発達課題を獲得しておく必要がある。近年，「集団行動がとれない」「授業中に座っていられない」「先生の話を聞かない」といった「小1プロブレム」が問題となっている。原因の一つとして，幼児期における家庭でのしつけが十分でないことや親の過保護・過干渉等から，幼児期の発達課題である「自律・自主性（自発性）」が未発達であることが挙げられる。

　小学生になると，児童は親子関係よりも友人関係から大きな影響を受けるようになる。小学校中学年ぐらいの時期は，「ギャングエイジ」と呼ばれ，自発的に仲間集団を形成するようになる。こうした集団は同年齢，同性のメンバーで形成されることが多く，自分の行動を決めるよりどころを集団に求め，仲間への同調行動が多くなってくる。小学校低・中学年ぐらいの思考の特徴は，ピアジェ（Piaget, J.）の発達理論における「具体的操作期」の時期にあたり，直接的・具体的な対象であれば，論理的にものごとを捉えられるようになる。また，中学年ぐらいになると，自分以外の人の立場に立てるようになる。相手の視点に立ち，相手の気持ちを考えて，自分の行動をとることができるようになる。一方，発達障害などが原因で他者の視点をとれず，人とのコミュニケーションが難しくなる児童も目立つため，障害などの理解と支援も必要となってくる。

　小学校高学年から中学生になると，第2次性徴の発現がみられ，急な身体的変化に伴い心理的にも不安定になりやすい。また，中学・高校入試のための受験勉強，インターネットやゲーム等の使用による生活習慣の乱れ等の問題も生じている。小学校高学年以降はピアジェ理論における「形式的操作期」に該当するが，具体的な現実から離れて抽象的・仮説的に思考できるようになる。この時期になると，「自分とは何か」という抽象的な概念を考えることができるようになり，同一性の確立に向けて，自分自身を友人と比較して捉え，自尊心が低下し，劣等感を抱く場合も少なくない。また，複雑になってくる友人関係に悩む児童生徒も増えてくる。そうした自分づくりや友人関係の悩みに関するサポートも必要になってくる。

第4節　言語以外のこころの表現への対応

　言語能力の未発達な年齢にある児童や，反抗的なために言葉にしない生徒達は言葉以外の媒体でこころを表現することも多い。

1．行動としての表現とそのアプローチ

　行動としての表現（サイン）には，イライラして人に当たってしまう（暴言や殴ってしまうなど），学校を休みたくなる，などがあるが，本人はなぜそうなるのか理解していない場合がほとんどである。なんだかわからないけれどイライラした，なんだかわからないけれど学校に行きたくない，と感じている。中高生になると，本人が意識的に行動で表現する場合が増えていく。態度で表すということである。

　たとえばイライラして人に当たってしまう児童を見つけた時に，一般的には「人を殴ってはいけません」などと指導するものであろう。しかし，これではこの児童に理解されたという体験は生じないため，行動修正は起こりにくい。なぜこの児童はイライラしているのだろう？　なぜ人を殴るのだろう？　という視点からアプローチをしていくと，児童の行動の背景にあるこころを読み取ることができ，児童を理解したうえで，指導をすることが可能になる。中高生の場合も，反抗的な態度に対して，威圧的に指導をしても効果は期待できない。背景にあるこころを理解してからアプローチすることが大切であろう。

2．症状としての表現とそのアプローチ

　児童生徒は症状を出すことでこころを表現している（サイン）こともよく観察される。たとえば，学校に行こうとするとお腹が痛くなる，登校はするが眠ってしまう，学校のことを考えると吐き気がする，などである。学校内にストレスとなることがあり，直接的にそのことに言及できないがどうしても身体が拒絶してしまい，症状が現れてくることも多いのである。この場合も，単なる対症療法として腹痛の薬を飲ませたり，学校に来るように諭して

も改善する可能性は低い。この症状を出すことで，この児童生徒は何を訴えているのかを探ってみると，たとえば，ひどいいじめが隠れていることもある。また，本人が苦手なプールの日に限って腹痛になる，生理ということを知られたくないことなどが理解されたならば，対症療法ではないアプローチを思いつくことができるであろう。

　一方，微熱が続く，朝どうしても起きることができず起立性調節障害と診断を受ける場合などもある。青年期によくみられる摂食障害や他の疾患で通院している場合もある。その場合，保護者を通じて医療機関と連携したり，症状についての情報を得て，スクールカウンセラーなどとチームを作り，対応していくことが必要となることもある。

3．問題がないという表現とそのアプローチ

　自身の子どもに問題が生じたときに保護者は皆口を揃えたように「うちの子はこれまでなにも問題はなかったのです。とても良い子で，反抗もしたことがありません」と述べる。この児童生徒は，良い子で従順であることがサインすなわちこころの表現であるのだが，それを何も問題がないということで片付けられてきたのである。なぜ良い子だったかということにはさまざまな理由があるであろう。親を喜ばせるため，自己主張が苦手，中にはいじめの加害者に脅されて辛さを現わさないようにしている児童生徒もいるかもしれない。いずれにしても，問題がない子どもはサインがないのではなく，問題がないことがサインだということに気づくべきである。いつも明るく優等生でいる児童生徒は，それがサインなのである。

4．絵や作品を通しての表現とそのアプローチ
（1）理解に際して豊富な材料としての絵や作品

　絵や作品などにこころが表現されることは周知の事実である。芸術作品は元より，日常生活の中で描く絵や作品においても，こころは表現される。特に，言語表現が未熟な年齢である幼稚園・保育園や小学校低学年における絵や粘土などの作品は，一人の子どもを理解するための豊富な材料となる。たとえば真っ黒な絵を描いたら不安があるなどということもよく耳にするが，それ

は表面的なものであり，その子どもの情報（家族構成，家庭環境，学校内の友人関係，本人の性格など）と照らし合わせて理解を進めるべきである。

　緘黙という人前では一切話をしない状態，場面限定型緘黙という決まった場所でしか話をしない状態があるが，学校場面では言語以外でこころを表現していることもある。

（2）完成した作品への声がけ

　楽しい絵や作品については，「上手に描けたね」「すごいね」などと自然に声をかけることができる。しかし，血だらけの人や津波に巻き込まれた人の絵を前にすると，大人はどのように声をかけたらよいか躊躇するものである。しかし，作品の内容へのコメントは大切であるが，児童が一生懸命制作した作品に変わりはない。まずは褒めることから始め，少しずつ内容について質問をしてみる。児童が表現した対象が辛い体験であっても，それについて語りたい様子ならば，しっかりと話に耳を傾け受け止めることが大切である。辛いことは思い出させないほうが良い，触れないほうが良いという考え方もあるが，第1節で述べたように，見て見ぬフリをすることはしない。表現したものを信頼する大人が見て見ぬフリをしたことを見てとると，児童生徒はやはり表現しないほうが良いのだろう，そのくらい表現してはいけないものなのだろうと認知しやすくなる。

5．作文などとそのアプローチ

　学校において作文を書くことは多くあるうえに，題材も多様なので，児童生徒を知るための大きな材料となる。学校行事について，休み期間中の家庭の様子について，日々の生活についてなど，文章から得る情報は多い。しかし，絵などとは異なり，作文というものはかなり意識的に操作が可能となる。いじめの被害者は皆の目に触れるような場面で課題として出された作文に「自分はいじめられている。助けてください」とは書かない。そればかりか，加害者に脅されて「学校は楽しい」と書いてくるかもしれない。作文は直接的に表現するものであるが，文章をそのままに受け取ることは危険である。

　また，母の日や父の日は，母親や父親がいない児童生徒への配慮をされる

ことが多いが，夏休みやクリスマスへの配慮をする学校は少ない。夏休み
について作文を書く，ということはよく耳にするが，夏休みに海外旅行をし
たり，家族旅行をする家族ばかりとは限らない。離婚家庭，単身赴任の家庭，
保護者が病気の家庭，虐待のために施設から登校している子ども，というよ
うに児童生徒の環境はさまざまである。さまざまな児童生徒に一括した課題
を出す場合は，教員が児童生徒理解に基づいた個別の配慮をすべきである。
たとえば，大人の世界では休みを寝て過ごした，ということは，ある意味贅
沢をしたというニュアンスがある。しかし，特に小学生の世界において「グ
アムに行った」「ハワイで泳いだ」「おじいちゃんの家に家族で行った」など
という話の中で，「どこにも行かなかったよ」とは言い難いものである。つ
い作り話を言ってしまう場合もある。そのような場合に教員は「嘘をついて
はいけない」などと叱ってはいけない。なぜこのような作り話をしたのかを
よく考え，この児童をサポートすることが大切である。そして，イベントの
ような事実関係だけではなく，そこで感じた「気持ち」などを題材とするな
ど，課題の出し方などにも工夫をすると良い。

6．遊びとそのアプローチ
（1）ごっこ遊び
　小さいうちからごっこ遊びは子どもの遊びの主流である。おままごとをし
ている様子を観察すると，手に取るように家庭の様子がみえてくる。鬼ごっ
こなども古典的な遊びであるが，作為的に悪者を作り出すことにより，善悪
の観念が身についたり，攻撃的な気持ちを安全に発散させるという心理学的
な意味もある。また，流行っているキャラクターになりきって，あたかも自
分が正義の味方やアイドルかのような気持ちを味わい，願望を充足させ，自
己愛を満足させることも遊びの重要な意義である。これらの遊びは，子ども
たちが意識的に行う遊びである。これらの自然な発達に役立つ遊びは存分に
行うことが大切となる。

（2）トラウマ体験を題材としたごっこ遊び
　一方トラウマと関係したこころの表現もごっこ遊びとして行われることが

ある。たとえば，「地震ごっこ」「津波ごっこ」「地震速報ごっこ」「遺体運び
ごっこ」などである。

　「地震がくるぞ〜」と言って皆で叫んだり大騒ぎをして机の下に入ったり
する地震ごっこ，砂場に街並みを作り上げ「津波だー」とバケツの水をひっ
くり返して作った街を流してしまう「津波ごっこ」，地震速報の音を真似し
て「わー地震がくる」と大騒ぎする「地震速報ごっこ」，自衛隊員が畳や担
架を使ってご遺体を運ぶ様子を真似して台の上に一人が寝転がりそれを運ぶ
「遺体運びごっこ」などが報道され，知られるところになっている。これら
は発災後数ヶ月の頃に見られる遊びであり，１年以上してから見られること
は少ない。

　上記の遊びは読んでおられる読者も不快感を感じられたかもしれない。人
の死や被害を遊びにするということ自体が不謹慎であろう。また，この遊び
は避難所等でそのごっこ遊びを見る大人にフラッシュバックを起こすために，
より不快感を拭えない場合が多い。では，なぜ子ども達はわざわざこのよう
なことを遊びにするのだろうか。

　子どもは自分が体験したトラウマを遊びにし，再演（再体験）しているの
である。実際の場面では自分のコントロールなど全く利かなかったものを，
今度は自分のコントロールが利くのだ，としたい試みのために行う遊びと考
える。遊びの中の地震や津波は自分が作り出すものであり，嫌なら止めるこ
ともできる。また，一人ぼっちではなく複数の仲間と体験する。子ども達は，
子ども達なりにトラウマを再体験することにより，実際の体験やそれに伴う
気持ちを打ち消し，体験や気持ちを再構築しているのである。よって，これ
らの遊びは不謹慎な遊びではない。

　ただ，遊びに興じている時は非常に興奮状態にあるが，終わった途端に現
実に直面する。このときには非常に落ち込んだり，脱力する。このときこそ，
教員や保護者が寄り添い，「地震，怖かったよね」というように気持ちに焦
点を当て言葉をかけることがこころの支援となる。

7．Post traumatic play とそのアプローチ

　虐待された子どもなどに，トラウマを再現するような遊び（post

69

traumatic play）をすることがみられる。人形同士をぶつけ合ったり，ぬい
ぐるみを殴ったりなどする。これを繰り返すだけでは，トラウマのケアには
ならず，この遊びを支持し，乗り越えられるよう支援することが大切である。
これを利用したpost traumatic play therapyという治療もあり，治療室で治
療者と共に安全な環境の中で，あえて人形やぬいぐるみや絵を描くことなど
を使用してトラウマを再現させ，そのときの激しい感情を表出させるという
方法である。

8．象徴遊び・象徴行動とそのアプローチ

　象徴遊びや象徴行動には，遊びになにがしかの象徴的な意味がある。これ
は，こころに傷を負った場合のみに起こるのではなく，大人でも子どもでも，
よくわからないが繰り返してしまう行動（反復行動）があり，そこには象徴
的な意味がある。
　ごっこ遊びは，意識的に行う遊びであるが，象徴遊びは無意識から行われ
ていることが多いため，本人は象徴の意味に気づいていない。よくわからな
いが繰り返し行ってしまう，という遊びや行動である。

　●事例
　　東日本大震災のあと，転入してきた小学4年生の女児。最初のうちは
　新しい環境に緊張をしているようであったが，徐々に学校生活に慣れて
　いった。しかし，休み時間に時折，一心不乱に階段を駆け上る姿を見か
　ける。あまりにも真剣な表情のため，声をかけることもできないが，複
　数の教員が駆け上がる女児の姿を目撃している。このまま様子を見てお
　けば良いだろうか？

　以下については，自分の意見をまとめてから読み進めてほしい。
　ここまで学習を進めてきた多くの読者は，この女児が「津波から逃げよう
として高いところに駆け上がっているのではないか」ということに気づいた
であろう。一心不乱な様子，繰り返されている行動という点で，象徴的な行
動と考えることができる。しかし，女児本人は，津波から逃げようとした恐

怖感が残っていて今も逃げようとしてしまうためにこの行動をとっていると
は意識していない。この場合も，この行動に気がついたならば，「ずいぶん
真剣に駆け上がっているね」「大丈夫？　すごく速いね」「津波が来そうな時
に高いところに逃げたりしたのかな」「この学校は安全だから安心してね」
などと声をかけることが大切である。サインに気がついたら見て見ぬフリを
せず，気づいているよとサインを送り返すことが安心感を形成するからであ
る。

第5節　自己開示

　カウンセリング・マインド，共感的理解ということを考えた場合，迷うのが，
自己開示についてである。自分が同じ体験をしていた方が理解に役立つとい
う意見は一理ある。いじめられたことがない人間よりは，自分がいじめの被
害者になったことのある人間の方が，被害児童生徒の気持ちに寄り添える部
分はあるであろう。しかし，いじめと一言で言っても，一つ一つのいじめは
違い，感じ方も一人ひとり異なる。「辛い」と感じる人間もいれば，「悔しい」
「悲しい」「不安」などさまざまな感じ方をするものである。よって，自分の
経験に頼って相手を理解しようとすることは，相手の気持ちを見落とし，決
めつけてしまう可能性が高まるため，危険である。真の理解や信頼関係は自
己開示では築けないのである。

　自己開示が有効な場合は，進路指導などの際に，「先生はどうして教員に
なったのか」と質問された場合などである。この質問は，自分の将来を考え
た際に，先生をモデル（同一化対象）として捉えているから発されたと考える。
同一性の確立という発達段階の時期に，このような質問が出てくることは自
然なことである。この場合は，人生の先輩として自分の経験を話すことが大
切である。そのうえで，ここまで学習してきた児童生徒理解をその児童生徒
について行い，その児童生徒にとって適切な進路がみつかるように援助する。

第6節　まとめ——理解したうえでの対応

　不登校の場合の対応方法，いじめの対応方法などが文部科学省などからもマニュアル化されている。当事者として混乱し，判断がつかない場合，マニュアルは役に立つであろう。しかし，闇雲にマニュアルを適応しても，的外れになることも多い。本来一人ひとりの状況は異なるので，生じた事象の原因がわからなければ，対応はできないはずである。

　この章で勉強してきたように，一人ひとりの児童生徒について理解を深めていくと，同じ不登校という行動でも，さまざまな原因（背景）があることがわかってくるだろう。たとえば，１．学校内の対人関係やいじめの被害者であるために学校を休むということもある。２．虐待されており，学校に行きたくても行くことができないのかもしれない。３．中学受験などがストレスとなり，無気力になってしまっているのかもしれない。４．身体が発達してきて，胸が大きくなったり生理が始まり戸惑っているのかもしれない。男の子なら，声変わりしたことが恥ずかしく登校できない場合もある。このように，行動としては同じ「不登校」であっても，それぞれの事情，原因は違うのである。原因が上記のように明らかになっていれば，読者も１．２．３．４．の原因に対して，同じ対応はしないであろう。

　一方，たとえば，注意欠如・多動症（attention deficit hyperactivity disorder，以下ADHD）の児童生徒に対して，「授業中は動くな」「忘れ物をしてはいけない」とただ指導することは間違っている。なぜならば，多動，不注意はADHDの特徴だからだ。それよりは，障害を理解し，すなわち，その児童生徒の特徴を理解し，指導に工夫をしていくことが必要なのである。授業中動くのが特徴ならば，動かないようにするのではなく，逆に動きを取り入れた授業をする。忘れ物をしてしまうのなら，持ち物チェックノートを作ったり，家庭と連携をしたりして，忘れ物がなければ褒めていく。このように症状・障害についての正しい知識をもち，肯定的な関わりを続けられるように教員側が工夫することが障害のある児童生徒を理解したことになる。そして，その理解により，自己肯定感も自ずと高まるのである。

課題

・サインを説明しなさい。

・児童生徒を理解するための情報収集の方法にはどのようなものがあるか述べなさい。

・作文に作り話が書いてあるようだ。どのように理解し，対応するか述べなさい。

〈引用文献〉

Erikson, E.H., *Identity: Youth and crisis.* Norton, 1968

Havighurst, R.J., *Human development and education.* New York: Longmans, 1953（ハヴィガースト，R.J.『人間の発達課題と教育』荘司雅子監訳，玉川大学出版部，1995）

Marcia, J.E., Development and validation of ego-identity status. *Journal of Personality & Social Psychology,* 551-558, 1966.

〈参考文献〉

文部科学省「生徒指導提要　平成22年3月」2010

原田眞理『子どものこころ，大人のこころ――先生や保護者が判断を誤らないための手引書』ナカニシヤ出版，2018

原田眞理編著『教育相談の理論と方法　小学校編』玉川大学出版部，2016

原田眞理『子どものこころ――教室や子育てに役立つカウンセリングの考え方』ナカニシヤ出版，2011

Piajet, J., Six Etudes de Psychologie. Gonthier, 1964（ピアジェ, J.『思考の心理学』滝沢武久訳，みすず書房，1968）

第6章

学校内の問題の理解と対応

この章では，いじめ，不登校，学級崩壊など，学校内で生じる問題の概要を学習する。さらに，これらの問題の理解と対応も学ぶ。同時にいくつかの事例を読み，自分でこれらの問題を理解，対応できるように学習を進める。

キーワード

いじめ，不登校，学級崩壊

第1節　いじめ

　学校内で起きる問題すべてに共通して言えることは，早期発見，早期解決が望まれるということである。そのためには，いじめについても，学校生活における児童生徒らのちょっとした変化や兆候を見逃さず，「もしかしたらいじめかもしれない」と教員全員が事態を慎重かつ継続的に観察し関与することが重要である。

　かつていじめは，子ども同士のけんかと認識され，子どもが成長していく過程にはむしろ必要なものだと言われた時代があった。しかし，1986年に中学2年生の男子生徒がいじめを苦に自殺した事件が社会的に注目され，いじめに対する認識が変化するきっかけとなった。この事件では教員も加担して男子生徒の「葬式ごっこ」が行われており，マスメディアにも大きく取り上げられた。その後もいじめを苦に自殺する事件は繰り返され，現在では，どのような小さないじめも決して許されるものではないという認識になっている。

1．いじめの定義

　いじめを苦に自殺する事件は複数起きており，国はいじめ問題の解決を大きな課題と捉え，いじめの定義も以下のように変更を繰り返してきた。現在は2013年に施行された「いじめ防止対策推進法」に定義されているものが最新である。この変遷を見ると，30年弱の間にいじめが深刻化，凶悪化しており，いじめは学校や地域，国が一丸となって対応すべき問題となっていることがよくわかるだろう。

（1）1986年度からの定義

　「いじめ」とは，「①自分より弱い者に対して一方的に，②身体的・心理的な攻撃を継続的に加え，③相手が深刻な苦痛を感じているものであって，学校としてその事実（関係児童生徒，いじめの内容など）を確認しているもの。なお，起こった場所は学校の内外を問わない」。

(2) 1994年度からの定義

「いじめ」とは，「①自分より弱い者に対して一方的に，②身体的・心理的な攻撃を継続的に加え，③相手が深刻な苦痛を感じているもの。なお，起こった場所は学校の内外を問わない」。

「なお，個々の行為がいじめに当たるか否かの判断を表面的・形式的に行うことなく，いじめられた児童生徒の立場に立って行うこと」。

《ポイント》

＊「学校としてその事実（関係児童生徒，いじめの内容など）を確認しているもの」が削除された。

＊「なお，個々の行為がいじめに当たるか否かの判断を表面的・形式的に行うことなく，いじめられた児童生徒の立場に立って行うこと」が追加され，いじめられた側の主張が重視されるようになった。

(3) 2013年度からの定義

「個々の行為が「いじめ」に当たるか否かの判断は，表面的・形式的に行うことなく，いじめられた児童生徒の立場に立って行うものとする」。

「いじめ」とは，「児童生徒に対して，当該児童生徒が在籍する学校に在籍している等当該児童生徒と一定の人的関係のある他の児童生徒が行う心理的又は物理的な影響を与える行為（インターネットを通じて行われるものも含む。）であって，当該行為の対象となった児童生徒が心身の苦痛を感じているもの。なお，起こった場所は学校の内外を問わない」。

《注》

(1)「いじめられた児童生徒の立場に立って」とは，いじめられたとする児童生徒の気持ちを重視することである。

(2)「一定の人的関係」とは，学校の内外を問わず，同じ学校・学級や部活動の児童生徒や，塾やスポーツクラブ等当該児童生徒が関わっている仲間や集団（グループ）など，当該児童生徒との何らかの人的関係を指す。

(3)「物理的な影響」とは，身体的な影響のほか，金品をたかられたり，隠

されたり，嫌なことを無理矢理させられたりすることなどを意味する。

　いじめの中には，犯罪行為として取り扱われるべきと認められ，早期に警察に相談することが重要なものや，児童生徒の生命，身体又は財産に重大な被害が生じるような，直ちに警察に通報することが必要なものが含まれる。これらについては，教育的な配慮や被害者の意向への配慮の上で，早期に警察に相談・通報の上，警察と連携した対応をとることが必要である。

《ポイント》
＊「一方的に」，「継続的に」，「深刻な」といった文言が削除された。
＊「いじめられた児童生徒の立場に立って」，「一定の人的関係」，「物理的な影響」などについて注釈が追加された。
＊「インターネットを通じて行われるもの」が含まれた。
＊いじめが「犯罪行為」として取り扱われる可能性が指摘された。

２．いじめ防止対策推進法

　2013年に施行されたいじめ防止対策推進法は，いじめの防止等のための対策を総合的かつ効果的に推進することを目的にしている。以下に概要を示す。

　いじめ防止対策推進法（概要）
　第一章　総則
　１　「いじめ」を「児童生徒に対して，当該児童生徒が在籍する学校に在籍している等当該児童生徒と一定の人的関係にある他の児童生徒が行う心理的又は物理的な影響を与える行為（インターネットを通じて行われるものを含む。）であって，当該行為の対象となった児童生徒が心身の苦痛を感じているもの」と定義すること。
　２　いじめの防止等のための対策の基本理念，いじめの禁止，関係者の責務等を定めること。

第二章　いじめ防止基本方針等

1　国，地方公共団体及び学校の各主体は，「いじめの防止等のための対策に関する基本的な方針」の策定を定めること。

2　地方公共団体は関係機関等の連携を図るため，学校，教育委員会，児童相談所，法務局，警察その他の関係者により構成されるいじめ問題対策連絡協議会を置くことができること。

第三章　基本的施策／第四章　いじめの防止等に関する措置

1　学校の設置者及び学校が講ずべき基本的施策として，①道徳教育等の充実，②早期発見のための措置，③相談体制の整備，④インターネットを通じて行われるいじめに対する対策の推進を定めるとともに，国及び地方公共団体が講ずべき基本的施策として，⑤いじめの防止等の対策に従事する人材の確保等，⑥調査研究の推進，⑦啓発活動等について定めること。

2　学校は，いじめの防止等に関する措置を実効的に行うため，複数の教職員，心理・福祉等の専門家その他の関係者により構成される組織を置くこと。

3　個別のいじめに対して学校が講ずべき措置として，①いじめの事実確認と設置者への結果報告，②いじめを受けた児童生徒又はその保護者に対する支援，③いじめを行った児童生徒に対する指導又はその保護者に対する助言について定めるとともに，いじめが犯罪行為として取り扱われるべきものであると認めるときの警察との連携について定めること。

4　懲戒，出席停止制度の適切な運用等その他いじめの防止等に関する措置を定めること。

第五章　重大事態への対処

1　学校の設置者又は学校は，重大事態（＊）に対処し，同種の事態の発生の防止に資するため，速やかに，適切な方法により事実関係を明確にするための調査を行うものとすること。

　＊一　いじめにより児童等の生命，心身又は財産に重大な被害が生じ

た疑いがあると認めるとき

　　二　いじめにより児童等が相当の期間学校を欠席することを余儀な
　　　くされている疑いがあると認めるとき

　2　学校の設置者又は学校は，1の調査を行った時は，いじめを受けた
児童生徒及びその保護者に対し，必要な情報を適切に提供するものとす
ること。

　3　学校は，重大事態が発生した旨を地方公共団体の長等に報告，地方
公共団体の長等は，必要と認めるときは，1の調査の再調査を行うこと
ができ，また，その結果を踏まえて必要な措置を講ずるものとすること。

第六章　雑則
　学校評価における留意事項及び高等専門学校における措置に関する規
定を設けること。
（平成25年9月28日から施行）

いじめ防止基本方針

　いじめ防止対策推進法の第2章第11条には，「文部科学大臣は，関係行政
機関の長と連携して，いじめの防止等のための対策を総合的かつ効果的に推
進するための基本的な方針（いじめ防止基本方針）を定めるものとする」と
書かれており，いじめ防止のために国，地方，学校が連携して取り組むため
の具体的な方針が記されている。

　学校が実施すべき施策としては，国や地方公共団体の基本方針を参考にし
て，学校がどのようにいじめの防止に取り組むかを定めること，学校がいじ
めに対応するための中核となる常設の組織を作り，必要に応じて警察や弁護
士などの外部専門家を交えること，そして具体的に①いじめの防止，②早期
発見，③いじめに対する措置を講じることが求められている。

3．いじめの現状

　それでは，実際にいじめはどのように起きているのだろう。いじめの現状
を見ていく。

(1) いじめの認知数

　2017（平成29）年度の調査によると，小・中・高等学校及び特別支援学校における，いじめの認知件数は414,378件であり，児童生徒1,000人当たりの認知件数は30.9件とされている。

　いじめの認知数の変化を見ると図6-1のようになっており，ここ数年は明らかに認知数が増加している。小学校での認知件数が最多で，次いで中学校，高等学校となっている。さらに小学校から高等学校までの学年別のいじめ認知件数を図6-2に示す。これを見ると小学校2年生のいじめ認知件数が最も多く，学年が上がるごとに低下していき，中学1年で再び上昇後，高校生になるにしたがって低下していく。発達段階に応じて学校生活を通して人間関係を学び成熟していく様子が表われている。

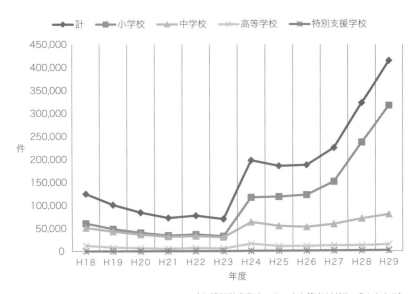

（文部科学省発表のデータを筆者がグラフ化したもの）

図6-1　いじめの認知数の変化

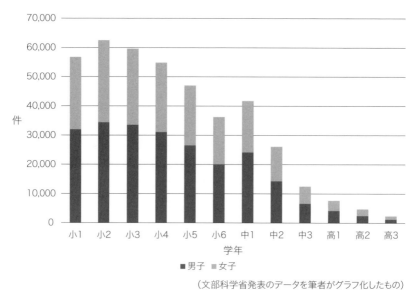

（文部科学省発表のデータを筆者がグラフ化したもの）

図6-2　学年別いじめの認知件数

（2）いじめの発見のきっかけ

　いじめの発見のきっかけとしては，66.8％が学校の教職員などの発見によるもので，その中でもアンケート調査など学校の取り組みにより発見されるケースが52.8％に上る。一方，いじめの被害者自らの訴えは18.0％に過ぎない。いじめを早期に認知するためには，児童生徒からの訴えを待つだけではなく，学校が児童生徒にいじめについて積極的に問いかけていく必要がある。

（3）いじめの態様

　実際にどのようないじめが行われているのか。最も多いのは「冷やかしやからかい，悪口や脅し文句，嫌なことを言われる」というもので，62.3％を示している（複数回答可，認知件数に対する割合，以下同様）。以下，「軽くぶつかられたり，遊ぶふりをして叩かれたり，蹴られたりする」（21.0％），「仲間はずれ，集団による無視をされる」（14.1％）と続く。また，「金品をたかられる」（1.2％）や，「パソコンや携帯電話などでひぼう・中傷や嫌なこと

をされる」（3.0％）は，件数こそ少ないが，小学校，中学校，高等学校，と学年が上がるにつれて増えていくのが特徴的である。

４．いじめの構造

いじめの現場を理解するのによく用いられるモデルとして，森田（2015）による四層構造モデルがある。

これは，いじめの加害者と被害者以外に，その周りにいる子どもたちを「観衆」と「傍観者」として把握し，いじめがこれら四層の子どもたちの複雑な絡まり合いによって起こるという考え方である（図6-3）。

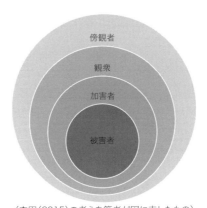

（森田（2015）の考えを筆者が図に表したもの）

図6-3　いじめの構造

「観衆」は，直接手を下すことはしないが，いじめをはやし立てて面白がって見ている子どもたちで，いじめのきっかけを作ることもある。
「傍観者」はいじめを見て見ぬふりをし，無関心を装う子どもたちである。これら周りにいる子どもたちのいじめへの影響力は大きく，その反応によって，いじめが深刻化したり，いじめに歯止めがかかったりすることがある。たとえば，いじめを見た「観衆」や「傍観者」の子どもたちが「いじめたら可哀そう」と言うなど，何らかの否定的な反応を示せばそれはいじめの抑止力として作用する。一方「観衆」がいじめを面白がったり，「傍観者」がい

じめを見て見ぬふりをしたりすれば，いじめは支持され，促進される。そう考えると，いじめの加害者のみならず，観衆や傍観者の立場にある子どもたちにも，自分の振る舞いがいじめに加担している可能性を理解させ，それぞれの意志によっていじめを止めることができると指導することが可能になる。

5．いじめの防止

　児童生徒に対して「いじめは決して許されない」という強いメッセージを繰り返し伝えることは重要である。そのために教員はいじめに対する共通理解を図り，いじめを正しく認知する必要がある。教員によっていじめの捉え方に差がないようにすることで，児童生徒への適切な指導やいじめの早期発見が可能になる。では，以下の例はいじめだろうか。

・軽くぶつかられたり，遊ぶふりをして叩かれたり蹴られたりする
・呼んでほしくないあだ名で呼ばれる
・ドッジボールでボールをうまくキャッチできなかったことを責められたり，他の友だちの前でばかにされたりする
・いやがっているのに一発芸をやらされる

　これらはいずれもいじめにあたる。「こんなことまでいじめと数えたら一体いじめは何件になるのか」，「一回きりのことなのにいじめと言えるのか」と思うかもしれない。しかし，教員がいじめを早期発見して児童生徒に適切に指導を行い初期段階で解決できれば，それは確実に次に起きてくるいじめの抑止につながる。文部科学省は，教員一人一人がいじめの認知を正確に行うことの重要性を指摘し，いじめの認知件数が多いことは教職員の目が行き届いていることのあかしであるとしている。そして認知したいじめを一人で抱え込まず，学校という組織で対応することを勧めている。

配慮が必要な児童生徒

　以下の4項目は文部科学省が学校として特に配慮が必要な児童生徒として挙げたものである。

①発達障害を含む，障害のある児童生徒がかかわるいじめ
②海外から帰国した児童生徒や外国人の児童生徒，国際結婚の保護者を持つなどの外国につながる児童生徒
③性同一性障害や性的指向・性自認に係る児童生徒に対するいじめ
④東日本大震災により被災した児童生徒

　いずれも近年特に注目されているテーマに関わる子どもたちであり，日常的に児童生徒の特性を踏まえて適切な支援を行わなければならない。

6．いじめへの対応

　いじめを適切に認知するには教員の努力が必要である。また，いじめを認知しても加害者を特定できない場合がある。教員一人一人が人任せにせず，自身の目で児童生徒の様子を観察し，サインを早期発見し，早期対応をする。さらに学校でチームを作り，校長，教頭，担任，副担任，学年主任，スクールカウンセラーなどで複数観察，複数対応する。学校全体で「いじめを許さない」という強い姿勢，「即対応する」という一貫した姿勢をもち，児童生徒に示していくことが大切である。さらに，日頃から事例研究会などを定例化させ，いじめに対する教員の意識を継続的に維持していくことも大切である。

　いじめられた児童生徒のうち約8割は学級担任に相談をしている（文部科学省）。児童生徒の話を傾聴し，教員は味方であるという安心感をもってもらえるような存在になることが必要である。そのような存在であるためには，教員自身が常に安定し，一貫性をもつことが求められる。

　被害者の了承を得られる場合は，早急に加害者から話を聴く。加害者が複数の場合は口裏を合わせることができないように設定を工夫する。その際も，加害者と決めつけて生徒指導的な態度で呼び出すと，加害者が自身の気持ちを語る可能性は低い。加害者が実はいじめの被害者である可能性もある。教員は冷静に慎重に被害者の話を傾聴しなければならない。

　いじめのエスカレートを恐れ，教員が加害者と話すことを嫌がる被害者もいる。教員は早急に他の教職員と情報共有し，いじめの現場を発見できるよ

うにアプローチしたり，いじめの被害者以外から情報提供があったとして加害者にアプローチしたり，様々な工夫をして早期対応する。

学級の他の児童生徒も認知しているいじめの場合，学級として考える時間を設ける。学校全体としても同様である。

7. いじめ加害者の理解と対応

いじめ問題では，被害者のみならず加害者の理解や対応も慎重に行う必要がある。加害者になるということは，それが何らかのSOSである場合もある。なぜいじめをするのか，いじめたことに対してどのような気持ちでいるのかなど，加害者の心理の理解に努める。

加害者がいじめの認識を持たずにいじめている場合もある。さらに加害者の保護者がそれを頑なに認めない場合もある。自分たちがいじめの加害者だと認識されていることに反応し，さらにいじめが陰湿にエスカレートするような難しい状況になる。教員は決して一人で抱え込んで事態を解決しようとはせず，学校として，また必要があれば地域や警察の協力も得ながら粘り強く継続的に対応をしていくことが重要である。

●事例1　学校内の連携で取り組んだ事例

小学校5年生のAさんはある日，自分の筆箱の中に小さく丸められたメモ用紙が入っているのを見つけた。「なんだろう？」と思って開いてみると，そこには「死ね」という文字が書かれていた。「誰かがいたずらで書いたものがたまたま自分の筆箱に入ってしまったのだろう」と思って気にしていなかったが，2，3日すると今度は下駄箱の靴の中に「死ね」と書いてある紙を見つけた。そして，翌日には体操服袋の中に，今度は「Aちゃん死ね」と名指しで書かれたメモを見つけた。Aさんはショックを受け，誰がこんなことをしているのか怖くなり，いつも仲良くしているBさんとCさんに相談した。すると友達2人は「先生に相談した方がいいよ」と言うので，3人でよく話をしに行く養護教諭のもとを訪れ事情を説明した。特にCさんは「Aさんがかわいそう。犯人を見つけなきゃ」と張り切っている様子だった。

　数日後にはＡさんの持ち物にメモが入っていたことがクラスのみんなの知るところとなり，Ａさんは教室での居心地の悪さを感じ，「朝学校に行くのが嫌だ」，「体育の授業が終わって教室に帰ってくるのが怖い」と言うようになった。

　また，別の日にはＣさんが授業開始のチャイムが鳴った直後に下駄箱付近をうろうろしている様子が報告された。

　養護教諭はＡさんに了解を得てから担任と情報共有し，担任も３人から話を聴いた。担任はＣさんが犯人探しに一生懸命な様子にやや違和感を抱き，一人であれこれ行動を起こさないように注意をしたが，Ａさんの持ち物にメモが入っていたことはあっという間にクラスのみんなの知るところとなり，Ａさんは教室での居心地の悪さを感じた。そのうちＡさんは「朝学校に行くのが嫌だ」，「体育の授業が終わって教室に帰ってくるのが怖い」と言うようになり，心配したＢさんはなるべくＡさんと行動を共にするようにしていた。担任は保護者とも連絡を取り，現状を報告し，情報共有していきたい旨を伝えた。

　ある日，用務員が下駄箱付近を掃除していたところ，授業開始のチャイムが鳴った直後にＣさんがうろうろしているのを見かけた。「どうしたの？」と声をかけるとＣさんは用務員をにらみつけて走り去った。不思議に思った用務員はその様子を担任に報告した。担任はＣさんが何かを隠して辛い思いをしているのではないかと個別に面談する時間を設けた。担任はＡさんのメモの件には触れず，Ｃさんに最近どんなことをしているときが楽しいか，家では誰と話すのか，夕食は誰ととっているのか，休みの日はどんなふうに過ごしているのか，何か困っていることはないか，といったことを話題にした。Ｃさんは最初明るく笑顔で質問に答えていたが，そのうち表情が暗くなり，「何をしていても楽しくない」「親に中学校受験を勧められていて，夜遅くまで勉強するように厳しく言われる」「そのことでいつも両親がアルコールを飲みながら喧嘩している」「あんたのせいでお母さんはお父さんに怒られるんだと言って，お母さんはいつも私を叩く」と話した。担任はＣさんに話してくれてよかった，Ｃさんのことが心配なのでまた面談しましょうと伝

87

えた。

そして3回目の面談の時，Cさんは自ら泣きながら「Aさんに『死ね』というメモを入れたのは私です」と話した。「Aさんはいつも家族で外食をした話や遊びに行った話をしていてうらやましかった，成績もいいし，やさしいし，そんなAさんのことをいじめて，Aさんが困る顔が見たいと思った」としゃくり上げた。担任はCさんのつらい気持ちもとてもよくわかるが，Cさんがとった行動は誤っていると指導したところ，Cさん自らAさんに謝りたいと申し出た。

その後，担任はCさんの保護者とも面談を継続し，スクールカウンセラーはCさんと定期的にカウンセリングを行った。

●事例2　警察との連携で取り組んだ事例

担任は1学期の終わり頃，高校2年生の男子生徒の表情が暗くなってきていることに気づいた。本人に尋ねても何も答えなかった。その後2学期になり男子生徒は学校を休むことが多くなったため，家庭訪問をして男子生徒および保護者と面談した。最初は話したがらなかった男子生徒が少しずつ話し始めた内容は以下の通りだった。

もともと対人関係が苦手だった男子生徒は，高校入学時より口ごもったりすることを笑われたりからかわれていた。男子生徒は体育も苦手で，ボールを取り損ねたりするとばかにされ，足を引っかけられ転ばされたりしていた。高校2年生になってから，特定の5名の男子生徒からわざと体当たりされ転ばされたり，転がったところを蹴られたりするようになった。さらに口ごもったりするたびに殴られ，金銭を要求されるようになった。お金を持っていかないと殴られるとわかっているので，可能な限りお金を持参した。しかし持っているお金が底をつき，5名の生徒からの殴る蹴るの暴行が激しくなったのが，1学期の終わり頃だった。

これを聞いた担任はすぐに校長へ報告し，学校内で対策チームを作った。それと同時に暴力と金銭要求があったので，学校サポーター制度を利用し，学校警察連絡協議会を開催し討議した。

　学校は加害生徒とその保護者を呼び出し，事実を伝えて話を聴いた。最終的に事実を認めはしたが，加害生徒たちは，ただじゃれ合っていただけだと主張し，保護者らもこれはいじめではないと主張した。そのため警察から，加害生徒の行為は傷害罪，恐喝罪にあたると伝えた。すると事態を重く受け止めるようになり，加害生徒らは被害生徒および保護者に謝罪した。その後も引き続きスクールカウンセラーおよび生徒指導担当の教員は加害生徒たちとの継続的な面談を行った。

　学校サポーターには学校内での講演を依頼し，いじめは卑劣であること，殴る蹴るは傷害罪に，金銭の要求は恐喝罪にあたることなどを説明してもらい，校内での啓蒙活動を行った（文部科学省「学校におけるいじめ問題への的確な対応について（通達）」を参照のこと）。

第2節　不登校

1. 不登校とは

　文部科学省の定義では，不登校児童生徒とは，「何らかの心理的，情緒的，身体的あるいは社会的要因・背景により，登校しないあるいはしたくともできない状況にあるために年間30日以上欠席した者のうち，病気や経済的な理由による者をのぞいたもの」とされている。

　2017（平成29）年度の文部科学省の調査（長期欠席者数の状況）によると（平成30年10月25日発表），平成29年度間の長期欠席者（30日以上の欠席者）のうち，「不登校」を理由とする児童生徒数は，小学校では35,032人（前年度30,448人），中学校では108,999人（前年度103,235人）となっている。在籍者数に占める割合としては，小学校0.54%，中学校3.25%である。

　表に，長期欠席者のうち，「不登校」を理由とする児童生徒数の推移を示す。小学校中学校共に，不登校の数は増加している。不登校児童生徒の割合は，小学校では185人に1人だが，中学校では31人に1人と，中学生で不登校児童生徒の割合は急増する。前年の調査と比較すると，小学校における不登校児童生徒の割合も増加している。もし小学校で不登校が固定してしま

うと，中学になってから急に登校を再開することはなかなか難しくなってくる。児童にとって学校が楽しい場所としても理解される場所としても体験されないならば，中学校に行ってみようという気持ちは生じないであろう。また，中学になると深刻ないじめや学力の差が顕著になるため，学校に行けなくなってしまう生徒が増えてくる。

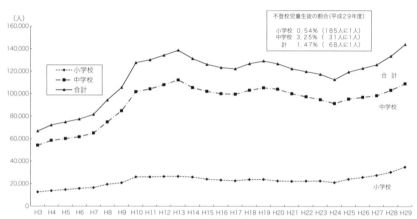

図6-4　長期欠席者のうち「不登校」を理由とする児童生徒数の推移
（文部科学省「平成29年度 児童生徒の問題行動・不登校等生徒指導上の諸課題に関する調査結果について」2018より引用。図6-5，6-6，表6-1も同様）

　次のグラフは高校における長期欠席者のうち不登校を理由とする生徒数と生徒の割合の推移を示している。4年連続減少傾向を示していたが，平成29年は若干増加している。

90

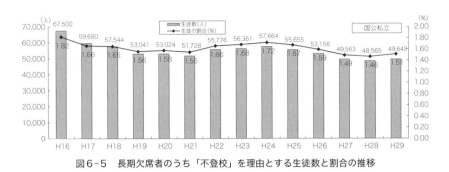

図6-5　長期欠席者のうち「不登校」を理由とする生徒数と割合の推移

次に学年別不登校児童生徒数を示す。

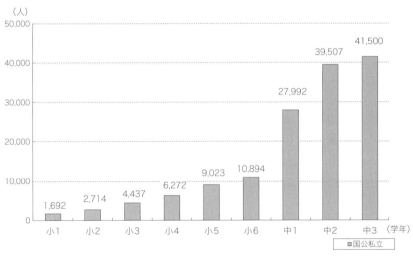

図6-6　学年別不登校児童生徒数

　学年が上がるにつれ，不登校児童生徒の人数が増え，中3では41,500人となっている。原因の一つとしては，発達課題との関係が示唆されるであろう。
　次に国公私立の合計により，本人に係る要因と学校，家庭に係る要因の関係を示した表を示す。

91

表6-1　国公私立（小・中）合計の不登校の要因

学校，家庭に係る要因（区分）／本人に係る要因（分類）	分類別児童生徒数	学校に係る状況								家庭に係る状況	左記に該当なし
		いじめ	いじめを除く友人関係をめぐる問題	教職員との関係をめぐる問題	学業の不振	進路に係る不安	クラブ活動，部活動等への不適応	学校のきまり等をめぐる問題	入学，転編入学，進級時の不適応		
「学校における人間関係」に課題を抱えている。	23,752	548	16,562	1,796	2,434	550	979	407	1,354	3,871	760
	—	2.3%	69.7%	7.6%	10.2%	2.3%	4.1%	1.7%	5.7%	16.3%	3.2%
	16.5%	75.8%	44.3%	46.8%	8.5%	9.7%	32.1%	9.1%	15.1%	7.4%	3.3%
「あそび・非行」の傾向がある。	5,665	3	572	155	1,458	200	67	1,708	157	2,514	603
	—	0.1%	10.1%	2.7%	25.7%	3.5%	1.2%	30.2%	2.8%	44.4%	10.6%
	3.9%	0.4%	1.5%	4.0%	5.1%	3.5%	2.2%	38.0%	1.7%	4.8%	2.6%
「無気力」の傾向がある。	43,018	21	4,914	505	12,437	1,606	708	1,162	2,123	19,342	6,793
	—	0.0%	11.4%	1.2%	28.9%	3.7%	1.6%	2.7%	4.9%	45.0%	15.8%
	29.9%	2.9%	13.1%	13.2%	43.4%	28.4%	23.2%	25.9%	23.6%	36.8%	29.5%
「不安」の傾向がある。	47,887	131	13,526	1,089	10,197	2,837	1,073	838	4,259	14,950	7,751
	—	0.3%	28.2%	2.3%	21.3%	5.9%	2.2%	1.7%	8.9%	31.2%	16.2%
	33.2%	18.1%	36.2%	28.4%	35.6%	50.1%	35.1%	18.7%	47.4%	28.5%	33.7%
「その他」	23,709	20	1,806	292	2,130	468	227	376	1,098	11,839	7,103
	—	0.1%	7.6%	1.2%	9.0%	2.0%	1.0%	1.6%	4.6%	49.9%	30.0%
	16.5%	2.8%	4.8%	7.6%	7.4%	8.3%	7.4%	8.4%	12.2%	22.5%	30.9%
計	144,031	723	37,380	3,837	28,656	5,661	3,054	4,491	8,991	52,516	23,010
	100.0%	0.5%	26.0%	2.7%	19.9%	3.9%	2.1%	3.1%	6.2%	36.5%	16.0%

　不登校の要因では，「学校における人間関係」に課題を抱えている児童生徒はいじめや友人関係・教職員との関係の問題，クラブ活動，部活動等への不適応に悩んでいる。学校内の問題が不登校の原因としては大きい割合を占めているようだ。

　ここまで見てきた不登校の概要から，何を推測，理解することができるであろうか。

　不登校の定義から，年間30日以上の欠席がないと不登校にはならない。すなわち，合計が年間30日になるまでの間に，できることがあるはずである。

　いじめや友人関係など学校内の問題，家庭での問題などを早期発見し，早期対応，早期解決を試みるべきである。不登校が固定してしまうと，その期間が長ければ長いほどなかなか登校を再開することは負担になる。欠席が長期間に及ぶと，友達もその子の存在を忘れがちになり，教員も学校に登校しない子どもに会うためには家庭訪問をしなければならず，気持ちの上で負担

が増え，つい消極的になりがちになる。一方，家族は，子どもがずっと家に
いるために，負担が増加する。本人は一人で考える時間ばかりが増え，人と
の交流も減少し，インターネットなどの世界に引きこもったりする。このよ
うな時に，「学校に行きなさい」と言われても，本人はますます追い詰めら
れるだけである。不登校児童生徒は外からの刺激がない中でずっと一人で時
間を過ごしている。自分の世界の中でいろいろなことを考えているので，多
忙な日常を送っている教員と感覚がずれることがあることを覚えておくと良
いであろう。

　まずは本人の居場所を作り，安心した環境の中で，なぜ学校に行きたくな
いのか，行けないのかをゆっくり傾聴して，原因を探り，対応方法を考えて
いくのが一般的な支援の方法である。

２．不登校の歴史

　わが国では，1950年代後半から「学校恐怖症（school phobia）」という用
語を用いて学校に登校することができない子どもたちを取り上げるように
なった。学校恐怖症という用語は，1941年にアメリカのジョンソン（Johnson,
A.M.）が命名したと言われる。しかし，1970年代には，「登校拒否」と呼ば
れるようになり，登校拒否を分類してその特徴を分析する研究が進んだ。主
要なものとして小泉（1973,1980）は，登校拒否を１．神経症的登校拒否　２．
精神障害による登校拒否　３．怠学傾向による登校拒否　４．発達遅滞を伴
う登校拒否　５．積極的・意図的登校拒否　６．一過性の登校拒否という６
タイプに分類し，それぞれの対応法も提示した。その後1990年代に入ると，
学校に行きたいのに行けない状態にある子どもたちに注目が集まるようにな
り，「登校拒否」に代わって徐々に「不登校」という用語が用いられるよう
になり，現在の標準的な用語となっている。小泉の分類のうち，１．神経症
的登校拒否という用語のみ現在でも一部に使用されている。

　2001（平成13）年の文部科学省の報告においては，「不登校の要因や背景
としては，『不安など情緒混乱型』が26.1%，『複合（複合的な理由によりい
ずれの理由が主であるか決めがたい）』が25.6%，『無気力』が20.5%となっ
ています」と書かれており，さらに，「不登校との関連で新たに指摘されて

いる課題として注目されているものに，学習障害（LD），注意欠陥／多動性障害（ADHD）等があります」と発達障害に言及しており，人間関係や学習のつまずきを原因として指摘している。この辺りから「見守るだけ」の対応では不十分であると言われるようになった。さらに「保護者による子どもの虐待等，登校を困難にするような事例も含まれており」と虐待も原因の一つとして指摘しており，「個々の児童生徒が不登校となる背景にある要因や直接的なきっかけは様々で，要因や背景は特定できないことも多いという点にも留意する必要があります」とまとめている。

　上記の報告も含まれているが，2003（平成15）年には文部科学省から不登校への対応についてというタイトルで，資料がまとめて発表されている（http://www.mext.go.jp/a_menu/shotou/futoukou/main.htm 参照のこと）。そこでは，魅力ある学校づくりとして，不登校の予防策も提案されている。

　また，補足すると，現代は都心部のみならず中学受験をする児童が多く，1月や2月の試験日は多くの児童が欠席することがある。また，学校の勉強を軽視し，学校は休ませ，塾に通わせるなどの，意思のある不登校も増えている。

3．不登校児の理解

　文部科学省の指摘にもあるが，現代の不登校の要因と背景はさまざまである。第2章でも学習をしたが，不登校児童生徒を理解していくためには，個々の児童生徒について理解を深めなければならない。そのためには，まず日常的な観察および情報収集が必要である。情報収集は，1．学校場面　2．家庭環境　3．本人にまつわることという領域から収集していくと漏れることが少ない。たとえば，いじめが原因で不登校になっているのならば，1．学校場面での原因となる。虐待や両親の不和などが原因で不登校ならば2．家庭環境となる。第二次性徴も起きてくるために，初潮への戸惑いや声変わりや身体つきの変化への戸惑いなどが原因で不登校が起きているならば3．本人にまつわることが原因となる。当然これらが複合している場合もある。これらの情報を集めたうえで，本人と面接し，傾聴してみると，さらに情報を集めることができる。そして，これらの背景（原因）が理解できると，自ず

と対応方法が見えてくるということは既に述べたとおりである。

　そのうえで，スクールカウンセラーや教育センターなど学校内外での連携が必要な場合は連携を行い支援する。

　齊藤（2007）の提唱している不登校の多軸評価は，不登校児童の理解の客観的指標として有用であるため，表6-2に示す。

表6-2　不登校の多軸評価

第1軸	背景疾患の診断
第2軸	発達障害の診断
第3軸	不登校出現様式による下位分類の評価
第4軸	不登校の経過に関する評価
第5軸	環境の評価

（齊藤，2007より）

　第1軸「背景疾患の診断」は，医療機関による精神疾患や身体疾患の診断となる。養護教諭やスクールカウンセラーと連携しながら児童や保護者に医療機関への受診をすすめていく。

　第2軸「発達障害の診断」は，「子どもに発達障害の兆候があるか否かの評価」である（発達障害の詳細は第8，9章参照）。

　第3軸「不登校出現様式による下位分類の評価」は，表6-3に示す5つの型に分類して評価する方法である。

表6-3　不登校の下位分類

過剰適応型
受動型
受動攻撃型
衝動型
環境の評価

過剰適応型は，教師，友人，環境に対して過度な気遣いやこだわりを示す。受動型は，学校環境で委縮して消極的かつ受け身の姿勢をとることで適応しようとする。受動攻撃型は，表面上は反抗的な態度を見せないが，実はそれが本人の反抗や怒りの表現方法であり，頑なにまわりからの支援を受け入れないなど，まわりをいらいらさせることが多い。衝動型は，衝動統制の未熟な子どもたちで主に，発達障害の子ども，被虐待体験に誘発される反応性愛着障害を持つ子ども，被虐待体験をもたない突発性の境界的心性を抱えた子ども，あるいはその周辺状態にある子どもである可能性が高いとされている。

　第4軸の「不登校の経過に関する評価」は，不登校準備段階，不登校開始段階，ひきこもり段階，社会との再会段階の4段階を設定し，子どもの不登校がその経過のどの段階にあるかの評価である。

　第5軸「環境の評価」は，家族や友人などの人間関係，学校や地域の特徴など，児童生徒を取り巻く環境全般の量的，質的な評価である。

　以上のように，不登校という同じ状況でも，事例ごとの個別性は非常に大きく，それを理解したうえでそれぞれに適した支援を考えていかなくてはならない。

4．不登校が固定する前に

　定義には30日以上を不登校とするとあった。すなわち，不登校となる前に，教員は早期発見・早期解決をしていかなければならない。遅刻早退が始まったり，欠席が目立つようになった段階，いわゆる登校しぶりの段階ですぐに気づき，その原因を探り始めることが大切である。いじめが原因ならば第1節で学習したアプローチを早くから行う。もし虐待が疑われるならば，複数観察をして学校として児童相談所などに早急に通告する。教員との関係がうまくいかないことが原因ならば他の先生と連携する。このように不登校が固定する前に，なんとか解決につながるような道筋を見つけられるように努力することが必要である。

5．不登校期間中の対応

　意志のある不登校の場合以外では，学校に行っていないことを一番気にし

ているのは本人である。学校に行きなさい，サボるな，などという言葉は禁
忌である。登下校の時間になると腹痛などの身体症状が出現し，それが過ぎ
るとけろっとしている様子から，仮病を疑う保護者や教員もいるが，決して
仮病ではない。

（1）居場所の提供

　不登校期間は教員や仲の良い友達がプリントを届けるなどの家庭訪問をす
る方が良いと言われている。これらも当然個別の理解により，家庭訪問が良
い方法かどうかは検討する必要がある。

　いずれにしてもここで大切になるのは，休んでいても児童生徒は学級・学
校の一員であるという居場所の提供である。休んでいるうちに，児童生徒の
座席が教室の一番後ろの端に固定されていたり，運動会や学芸会などの行事
に児童生徒のことが考慮されていないことを知れば，登校を再開する可能性
は低くなる。残念なことに，小学校は義務教育でさらに中学にも自動的に
進学できるために，小学校において不登校児童や保護者に全くかかわらずに
いる教員を見かける。面倒くさい，手がかかるという態度をみせ，保護者か
らも教員にアプローチしにくい雰囲気を醸し出している教員も見かけた。こ
れでは今後の学校生活が楽しく希望のあるものという認識をするわけもなく，
結果的に中学校も不登校，そして学校をやめるという経過を辿るケースが多
い。既述したように，不登校という行動は，児童生徒からのメッセージであ
る。メッセージをしっかりと受けとめ，理解しようとする態度を示し続ける
ことが閉じこもる児童生徒のこころをふと動かせる力になることが多い。

（2）学習支援

　登校に気を取られ，意外に軽視されているのが学習支援である。特に不登
校期間が長期化した場合，学習が非常に遅れてしまう。登校を再開した時に
勉強がわからず二次的三次的傷つきを受けて，再び不登校に戻ってしまう可
能性もある。遅れずに勉強させる必要はないが，ゲームで学べる漢字，計算，
歴史等のソフトやアプリなどもあるので，保護者と一緒に遊び感覚でやって
みるなども良い。他者とかかわる機会を増やすという視点からは，保護者と

連携し，大学生の家庭教師を依頼する（区や市に心理学部や教育学部の学生ボランティアの登録制度がある場合も多い）なども良い。

（3）社会とのつながり

　不登校をしていると，だんだん昼夜逆転し，夜中はずっとパソコンに向かっている子どもが多い。保護者は躍起になってパソコンやスマホをやめさせようとしたり，早く寝かせ早く起こそうとするが，ただ形を整えることはあまり意味がない。小中学生は現実検討能力が低いので，非行や犯罪に巻き込まれたりすることもあるので，インターネットを通しての行動には大人としての指導が必要である。しかし，直接口をきかなかった子どもがメールでは返信をくれる場合もある。ただ禁止するのではなく，本人は何を求めてパソコンやスマホに熱中しているのかを考えてみたり，パソコンが得意ならば学級新聞作りを手伝ってもらうことを提案するなども一つの方法である。

6．登校再開後

　登校を再開しても，その行動自体は取り上げず，さりげなくしておく方が良い。「やっと行く気になったか」などと言われると，プレッシャーになる。本人のペースに合わせ，徐々に適応できるよう配慮する。体力的にも，精神的にも，久しぶりの登校は非常に疲れるものである。家庭と連携して十分にケアする必要がある。

　登校することだけが人生ではない。周囲が児童生徒の人生という長い目で見た支援をすることが，児童生徒に自分は孤独ではない，理解しようとしてくれる人がいるということを実感させ，今後の適応に役立つはずである。

7．中学校への進学

　不登校中の児童の中学への進学も大きな問題となる。義務教育ではあるので，入学する先はあるが，中学入学と同時に突然登校することは少ない。公立の場合は，同じ小学校からの入学者も多く，不登校が固定化してしまうと，中学も同様に登校しづらくなる。時に，誰も知らない土地の中学なら大丈夫だろうと思い，遠方の私立を受験したりする児童をみかけるが，それでうま

くいく場合は良いが，遠方に行ったにもかかわらず不登校になると非常にダメージが大きくなる。また遠方のため，通学に体力をとられ，学校生活を楽しめないこともよく生じている。

卒業式などの節目に参加することにも意義があるので，どうせ来ないと決めつけずに，卒業式に来るように声をかける。その際には，児童生徒が学校に来て困らないように，卒業式の式次第や証書の受け取り方などを家庭で練習してもらうようにする。学級にも，久しぶりに登校して来た児童生徒をからかったりしないよう，話をしておくことが大切である。

いずれにしても，教員は中学校への申し送りを含め，教員同士が連携をして，小学校から中学校への移行期にある児童生徒と保護者を支援すべきである。

8．不登校の事例

ここでいくつか不登校の事例を挙げる。

●事例3

小学校2年生の女児。学習も普通程度，友達もいないわけではない。乱暴で目立つわけではないが，時に隣の席の児童を突然蹴ったり，叩いたりすることが観察されていた。痩せていて，担任としては，給食をがつがつ食べる姿が気になっていた。入学当初から，時々1週間くらい休むことがあった。不登校といっても，来ない時があるという感じである。ある時登校してきた女児の顔に古いあざのような痕があることに担任が気づいた。本人に尋ねるが，知らないと答えた。気になったので，女児を観察すると，洋服も同じものを着ていることが多く，靴下は3〜4日洗っていないようだった。保護者は学校行事にも滅多に参加しないため，保護者の様子もわからず，前年度の担任に聞いたところ，前年度の担任も女児の顔のあざを気にしていたことがわかった。

対応

ここで，職員会議で女児のことを共有し，教員が複数観察を行ったと

ころ，体重測定の際に身体にもタバコを押し付けた痕がみられ，校長から児童相談所に通告をした。福祉課の職員が自宅を訪問したところ，女児の弟が殴られていた現場を発見し，2人の子どもが保護された。

●事例4

小学6年生の男児。成績は非常に優秀で，優しい性格の児童だった。保護者は有名私立中学を受験させようと熱心で，塾に通っているが塾での成績もかなり優秀とのことであった。学校内では頭も良くて優しいので，人気がある一方で，妬まれることもあり，意地悪をされたりすることもあった。ちょうど声変わりをして喉仏が大きくなってきた頃に，男子集団から喉仏が人よりも大きいとからかわれ始めた。話すたびに低くなった声も笑われた。ちょうど塾の模試の結果も思ったほどよくなかったので悩んでいた時と重なったため，男児は男子集団から笑われることがいつも以上に辛く感じられた。人前で話すことが嫌になり，自信もなくなり，おどおどすると，余計男子はからかうようになった。それを見ていた女子集団もキモいなどとひそひそ話すようになった。担任はからかわれている時に数回声をかけてくれたが，男子集団に向けて注意はしなかった。保護者は成績が下がったので，勉強しなさいとしか言わない。男児は身体がだるく，気力もなくなり，学校を休むようになった。塾にはなんとか通っていたが，授業内容は頭に入らない様子であった。学校のことを考えると頭ががんがん痛くなり，起き上がることができず，そのまま登校できなくなった。

対応

身体症状があったため，保護者が近医を受診させたところ，こころの影響ということを言われた。最初，保護者は戸惑ったものの，男児を理解しようとし続けたところ，学校内でのいじめについて口を開いた。そこで，保護者が担任と面談をし，事実を伝えたところ，担任も思い当たるところがあると答えたため，学級への指導をしたあとに登校を再開させようということになった。男児にはスクールカウンセラーが話を聴い

ていくことも提案された。

●事例5

　高校1年生のAさんは，夏休み明けから体調不良を理由に学校を欠席することが多くなった。学校では仲良しの友人もいて，楽しそうにしていたため，担任は「体調不良の原因は進路のこと？　他に何かあるの？」と疑問に思い，Aさんに積極的に声をかけていた。ところが2学期も半ばを過ぎると，二日，三日と連続して休むことが多くなった。ある時は欠席の連絡がなかったため，担任が自宅に電話をすると，母親から「いつも通りに学校に行った」という答えが返ってきた。この日Aさんは，家を出たものの，学校に行く気持ちにならず，駅周辺を歩き回っていたそうだ。母親はそれを知り「よほど，学校で嫌なことがあるに違いない」と思った。

対応

　担任は根気よくAさんに声をかけ続けていたところ，「お父さんとお母さんが毎日喧嘩をして，お父さんはお酒が入ると，お母さんを殴る」と語り始めた。担任はAさんの了承を得て，学校での様子が心配だと母親に伝え，母親と面談を行った。面談に来た母親は，最初は学校に原因があるという姿勢を崩さなかったが，徐々に担任の真摯な関わりにこころを開き，家庭の事情を認めた。その後スクールカウンセラーが母親の相談に乗ることになった。

第3節　学級崩壊

1．学級崩壊

（1）学級崩壊とは

　日本において学級崩壊という言葉が使われ始めたのは1997年頃と言われている。学級崩壊の明確な定義はないが，文部省（現文部科学省）が平成11年2月に研究委託をした「学級経営研究会」が報告をまとめている。平

成12年3月の最終報告によると，学級崩壊は，学級がうまく機能しない状態と考えられ，「子どもたちが教室内で勝手な行動をして教師の指導に従わず，授業が成立しないなど，集団教育という学校の機能が成立しない学級の状態が一定期間継続し，学級担任による通常の方法では問題解決ができない状態に立ち至っている場合」としている。

　学級崩壊は個人の問題ではなく，学級という場の問題である。多くの立場の人間がストレスを感じている。

（2）小学校における学級崩壊

　小学校における学級崩壊は，低学年と高学年で非常に異なることが特徴である。小1プロブレムなど発達段階によって異なる様相の学級崩壊が起きる。

　小学校低学年における学級崩壊は，先生のことが嫌いだから言われたことをしない，ということではない。むしろ，学校生活や集団生活が理解できておらず，先生の話は黙って聞くとか授業中は自分の席に座って勉強をする，などという当然と思えるようなことを知らないためにできない児童が増えている。

　小学校高学年から上の学年においては，教員への反抗的な態度から学級崩壊が起きることが多い。教員いじめ，と言われる様相をとることも多い。たとえば，教員の指示を全く聞かない，授業中に黙って教室から出て行く，配布されたプリントを破くなどの行動をとる。

（3）中学校における学級崩壊

　小学校との明確な違いは，学級担任制から科目ごとに教員が替わることである。担任との関係が悪化しつつあっても，他の教員がかかわることにより，安定することもある。しかし，青年期という発達時期にいる生徒たちは，威圧的な指導をする教員や，逆に弱くてすぐにひるむ教員などに対して，強い怒りを感じたり，攻撃をしてくる。いわゆる反抗型の学級崩壊が中心である。

2．原因

　学級崩壊の原因は，教員の指導力不足，学校の対応の問題，子どもの生活

や対人関係の変化，家庭や地域社会の教育力の低下などとされているが，複合的である。詳細に記述すると，教員側の問題としては，指導力不足や学級経営の問題，発達障害の子ども達への理解の不十分さなどが挙げられている。また，学校組織としての対応の問題もある。子どもの側の問題としては，生活や対人関係・コミュニケーション能力の変化がある。さらに，家庭や地域社会の教育力の低下，教育への協力体制の弱体化などが考えられている。

3．対処の方針

2000（平成12）年に「学級がうまく機能しない状況」に対処していくため，次の6つの視点が提示されている（学級経営研究会最終報告より）。
（ⅰ）状況をまずは受け止めること
（ⅱ）「困難さ」と丁寧に向き合うこと
（ⅲ）子ども観の捉え直し
（ⅳ）信頼関係づくりとコミュニケーションの充実
（ⅴ）教育と福祉，医療など境界を超える協力・連携
（ⅵ）考え工夫したり研修を充実するなど，考え試みる習慣と知恵の伝承
　学級崩壊を察知したら，学校内でチームを作り，この6つの視点から客観的に事態を観察し，対応を試みる。

4．対応

　学級崩壊も，他の問題同様，早期発見・早期対応が要であり，崩壊前に対応すべきである。学級は崩壊すると，あっという間にがらがらと崩れていく。その頃にあわてて何かしようとしても，ほとんど作用しない。神奈川県が学級崩壊について捉え方から対応までをPDFとして重点課題Ⅳ「学級崩壊」対策を発表しているので参考にすると良いであろう。

（1）一人で抱えない

　教員は，自分の学級は自分が一番熟知しており，自分で何とかしようと思いがちである。そのために，一人で抱えがちで，あまり人に相談することがない。しかし，学級崩壊は学級集団が対象となる。一人の力では，集団の力

動を変化させるのは困難である。早めに学年主任や学年の教員に様子を話し，相談し，複数で対応する準備を作る。たとえば，TT（チームティーチング）などの教員が協力し合う指導体制などを取り入れる。

（2）複数対応

　先に述べたように個人ではなく学級集団が対象のため，教員側も複数で対応することが必要である。学年および学校組織からチームを作り，取り組む。早期の段階では，校長やベテラン教員が教室をのぞいたり，授業見学をするだけでも学級が静かになったりすることもある。TTも１つの学級に２人の教師が入るだけではなく，合同授業をしたり，学年を幾つかのグループに分けて複数の教員が担当するなどさまざまな形で実施する。また，チームの中で役割分担をして，生徒指導的な役割の教員，教育相談的な役割の教員を決め，それぞれの役割として生徒とかかわると，うまくいくことが多い。一人の人間が双方を担おうとすると，機能が困難になることが多い。

（3）指導的にならない

　学級が崩壊しそうになると，教員は崩壊させないようにと気持ちが焦り，つい生徒指導的な態度で対応してしまいがちである。なんとかまとめようと命令をしたり，禁止をしたり，上から発言することが多くなる。しかし，高学年の児童や中高生は，心理的発達から考えても，上からの発言や指導に対しては，反抗・反発を感じる時期である。指導的になればなるほど，ますます学級は崩壊していく。低学年の児童は，学級内での行動自体を理解していない場合が多いので，ただ指導するだけでは萎縮したり，学校嫌いになったりして，自己肯定感が低まりますます崩壊していく。集団に適応を強いるのではなく，一人一人を理解し，信頼関係を構築し，学校に来る意味や学級内での態度について一つ一つ丁寧に教えていくことが大切である。

（4）学校組織としての信頼関係

　教育相談の基本は，学校組織・教員組織の信頼関係の構築である。学級崩壊の際も同様である。全教職員が一貫した指導体制，指導方針をもつことが

大切である。「あの先生だから崩壊した」などという教員批判をする組織は，学級崩壊の後に学校崩壊に進んでいく可能性が高い。教員が協力し合い，困っている教員を助ける姿は，児童生徒の手本となる。足を引っぱり合おうとする姿もまた，児童生徒の手本となってしまう。

（5）保護者との連携

　保護者とも崩壊する前からの連携が必要である。それぞれの保護者と児童生徒について情報をやりとりしたり，話したりして信頼関係ができていると，崩壊しそうになった時に保護者が協力してくれたので崩壊が防げたという報告もある。保護者に教員が支えてもらったという報告もある。

　保護者も児童生徒から学級の様子を聞き，不安に思ったり，不満を感じたりしている。早急に学校の方針を説明し，保護者にも理解および協力を依頼する。その際，権威的に説明をすると，保護者からも反感を買う可能性が高いので，現実をそのままに伝え，ここは困っているので協力してほしいというように，具体的に伝える方が良い。学校サポーターなどの形で保護者の協力を求めることも効果的である。

（6）専門機関との連携

　個別の問題を抱える児童生徒の場合，病院，教育相談所，児童相談所などの専門の機関と連携をすることも必要となることがある。また，問題によっては，警察との協力体制も必要となる場合がある。個人情報保護法もあるため，児童生徒の場合は保護者を通して主治医や教育相談所の意見を聞くことが一般的である。

（7）学級を崩壊させる

　既に学校では小グループの授業が行われている。一方水泳などは，昔から学年全体での授業が行われている。このように，元々の学級を崩壊させ，あらたな学級を作る（学級単位を再編成する）ことも有効な対応となることがある。学級があるから学級崩壊が起きるのであり，その学級をこちらがなくしてしまうわけである。

課題

・いじめの構造について説明しなさい。

・いじめの対応で重要なポイントをまとめなさい。

・不登校期間中の対応についてまとめなさい。

・不登校児童生徒に居場所を提供することが大切であると述べてあるが，その理由を説明しなさい。

・小学校の学級崩壊についてまとめなさい。

・学級崩壊が起きた際，どのように対応したらよいかを述べなさい。

〈参考文献〉

学級経営研究会「いわゆる「学級崩壊」について～『学級経営の充実に関する調査研究』（最終報告）の概要（平成12年3月）」2000

神奈川県教育委員会「児童・生徒指導ハンドブック（小・中学校版）」2018

文部科学省「平成29年度　児童生徒の問題行動・不登校等生徒指導上の諸課題に関する調査結果について」2018

小泉英二編『登校拒否――その心理と治療』学事出版，1973

小泉英二編『続登校拒否――治療の再検討』学事出版，1980

齊藤万比古『不登校対応ガイドブック』中山書店，2007

坂田仰編『いじめ防止対策推進法　全条文と解説』学事出版，2008

平井信義『登校拒否児――学校ぎらいの理解と教育』新曜社，1978

ブルスアルハ『子どもの気持ちを知る絵本①わたしのココロはわたしのもの――不登校って言わないで』ゆまに書房，2014

森田洋司『いじめとは何か』中公新書，2010

第7章

児童生徒に生じやすい
問題の理解と対応

この章では，児童生徒に生じやすい問題について学習する。家の外で長時間過ごすようになる小学校では教員が虐待を発見することも多い。また，中高生になると，いわゆる非行・問題行動が増加する。引きこもりとも関係するインターネット関連の問題が生じたり，インターネットを介して犯罪に巻き込まれる場合もある。それらの実態を学び，対応方法を学習する。また，性についての知識を得て，配慮についても学習する。

キーワード

虐待，非行，問題行動，インターネット，性の問題

第1節　虐待

　虐待は年々その数が増加しており，2018（平成30）年度中に全国210か所の児童相談所が児童虐待相談として対応した件数は159,850件（速報値）と過去最多となっている（図7-1）。学校は児童生徒を身近に観察できる場であり，教員は虐待を早期に発見し，援助ネットワークの一員として機能することが期待されている。

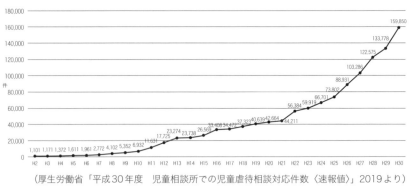

（厚生労働省「平成30年度　児童相談所での児童虐待相談対応件数〈速報値〉」2019より）

図7-1　児童虐待相談対応件数の推移

1．児童虐待防止

　児童虐待の防止等に関する法律（2007年最終改正）が制定されており，そこには以下の目的が記されている。

> 　この法律は，児童虐待が児童の人権を著しく侵害し，その心身の成長及び人格の形成に重大な影響を与えるとともに，我が国における将来の世代の育成にも懸念を及ぼすことにかんがみ，児童に対する虐待の禁止，児童虐待の予防及び早期発見その他の児童虐待の防止に関する国及び地方公共団体の責務，児童虐待を受けた児童の保護及び自立の支援のために措置などを定めることにより，児童虐待の防止等に関する施策を促進し，もって児童の権利利益の擁護に資することを目的とする。

2．児童虐待の定義と種類
（1）児童虐待の定義
　児童虐待について，同法では以下のように定義している。

　　児童虐待とは，保護者（親権を行う者，未成年後見人その他の者で，児童を現に監護する者をいう。以下同じ。）がその監護する児童（十八歳に満たない者をいう。以下同じ。）について行う次に掲げる行為をいう。
　　一　児童の身体に外傷が生じ，又は生じるおそれのある暴行を加えること。
　　二　児童にわいせつな行為をすること又は児童をしてわいせつな行為をさせること。
　　三　児童の心身の正常な発達を妨げるような著しい減食又は長時間の放置，保護者以外の同居人による前二号又は次号に掲げる行為と同様の行為の放置その他の保護者としての監護を著しく怠ること。
　　四　児童に対する著しい暴言又は著しく拒絶的な対応，児童が同居する家庭における配偶者に対する暴力（配偶者（婚姻の届出をしていないが，事実上婚姻関係と同様の事情にある者を含む。）の身体に対する不法な攻撃であって生命又は身体に危害を及ぼすもの及びこれに準ずる心身に有害な影響を及ぼす言動をいう。）その他の児童に著しい心理的外傷を与える言動を行うこと。

　そして，「何人も，児童に対し，虐待をしてはならない」と定めている。

（2）児童虐待の種類
　虐待の種類を表7-1にまとめる。児童虐待相談の内容別割合について図7-2に示す。実際これらは重複して行われていることが多い。心理的虐待は54.0％と最も多く，次いで身体的虐待が25％となっている。性的虐待は1％と少ないように見えるが，これは性的虐待が発見されにくいという特徴のためと考えられ，実数はこれよりも多いと推測される。

表7-1　虐待の分類

身体的虐待	殴る，蹴る，投げ落とす，激しく揺さぶる，やけどを負わせる，おぼれさせる，首を絞める，縄などにより一室に拘束する，など
性的虐待	子どもへの性的行為，性的行為を見せる，性器を触るまたは触らせる，ポルノグラフィの被写体にする，など
ネグレクト	家に閉じ込める，食事を与えない，ひどく不潔にする，自動車の中に放置する，重い病気になっても病院に連れて行かない，など
心理的虐待	言葉による脅し，無視，きょうだい間での差別的扱い，子どもの目の前で家族に対して暴力をふるう（ドメスティック・バイオレンス：DV）など

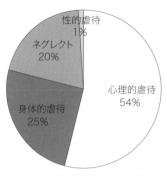

図7-2　児童虐待相談の内容別割合

３．児童虐待の実態

　全国の児童相談所での児童虐待相談件数は，データが公表され始めた1990（平成２）年度から一貫して増え続けており，冒頭で述べたように，2018（平成30）年度には159,850件（速報値）の対応となっている（図7-1）。特に児童虐待防止法が施行された2000（平成12）年度頃から急激に児童虐待の相談対応件数が増加している。これは，虐待自体が増えているということと，虐待により子どもが死に至る深刻な事例が報道され，社会が虐待に対する意識を高め，積極的に問題に取り組む姿勢を示していることの表れでもある。

　さらに「しつけ」と称して体罰が行われ，子どもが死に至るほど深刻な事案が複数報告され，2019（令和元）年には，「体罰の禁止」や児童相談所の業務の明確化，体制の強化などを盛り込んだ「児童虐待防止対策の強化を図

るための児童福祉法等の一部を改正する法律」が公布された。児童虐待の実態が明らかになるにつれ，子どもを虐待から守るための対策も強化されつつある。

4．虐待発生のメカニズム

　何が虐待を招くのか？　西澤（2010）によれば，虐待とはそもそも「乱用」（abuse）の訳語であり，「親が子供の存在あるいは子どもとの関係を『利用』して，自分の抱える心理・精神的問題を緩和・軽減する」という意味があり，親の自尊感情や自己評価を保障したり，親の支配欲求を満たしたりするために起こるとしている。当然親だけの問題ではなく，子ども側の要因や，家庭，社会全体の要因も複雑に関与しており，親への支援だけで問題が解決するというわけではない。学校や地域，社会全体が親子の関係性を見守り支援していくことが求められる。以下に文部科学省の資料をもとに親，子ども，社会それぞれの要因についてまとめる。

（1）親の要因

　虐待に追い詰められていく背景には，経済的な問題などによる生活基盤の弱さ，育児以外のさまざまなストレス，望まない妊娠などの育児に対する準備不足，親自身の精神疾患や発達障害などが考えられる。西澤（2010）の研究では，表7-2の7因子を虐待の心性として把握し，親自身に被虐待経験がある場合には，特に体罰肯定感，子どもからの被害の認知，自己の欲求の優先傾向に虐待との関係が深いとされている。

表7-2　親の虐待心性

①体罰肯定観（子育てには体罰は必要であるとする育児観）
②自己の欲求の優先傾向（子どもの欲求と親の欲求に葛藤が生じた際に親自身の欲求を優先する傾向）
③子育てに対する自信喪失
④子どもからの被害の認知（親が被害を被っているという認知）
⑤子育てに対する疲労・疲弊感
⑥子育てへの完璧志向性（親である以上子育ては完璧に行わねばならないとする認識・志向性）
⑦子どもに対する嫌悪感・拒否感

(2) 子どもの要因

虐待を引き起こす要因として，子ども側の要因を考えることも重要である。たとえば，出生直後のさまざまな疾患，さまざまな障害の存在，容貌などの外見的特徴，性別，親に対する態度などが挙げられるが，これらはもちろん，子どもがその責任を問われるような類いのものではなく，子どもの特徴に親の思い（期待）が合わずに，それが契機となって虐待を引き起こしているのである。

ちなみに子どもの虐待の症例1,100件に対して精神医学的な診断を下したデータ（杉山，2013）を見ると（表7-3），被虐待児の約3割が自閉症スペクトラム（第8章第4節参照）と診断されており，近年，発達障害と虐待との関係は特に注目されている。特に発達障害が虐待を引き起こす要因となる可能性と，虐待によって，発達障害のような状態を示す可能性とが論じられており，いろいろな可能性を考えながら注意深く観察して関わる必要がある。

表7-3　子ども虐待の精神医学的診断

併存症	男性人数	女性人数	合計人数	%	
自閉症スペクトラム	233	90	323	29.1%	発達障害
注意欠如・多動症	146	28	174	15.7%	
知的障害	49	46	95	8.6%	
アタッチメント障害	256	197	453	40.8%	虐待の後遺症群
解離性障害	272	251	523	47.1%	
PTSD	153	205	358	32.3%	
反抗挑戦性障害	139	79	218	19.6%	非行群
行為障害（非行）	168	113	281	25.3%	

（杉山，2013より）

(3) 家庭の要因

家庭の要因としては，親の育ちの問題と，孤立の問題が挙げられる。「親の要因」の項で触れたように，親自身に幼い頃の被虐待経験がある場合，そこに適切なサポート（被虐待経験へのケア，配偶者や祖父母による育児援助や社会福祉的なサポートなど）が得られないと，自分の子どもへの虐待が生

じる可能性が高くなり，虐待が親から子へ，そしてまたその子へと，世代間伝達していく危険性がある。現代は核家族化が進み，特に若い世代は近隣の人や地域とのつながりが希薄である場合が多く，子育ての悩みを共有，相談できる場が少ない。社会からの孤立が虐待を生み出すひとつの要因となっている。

5．虐待が子どもに与える影響

　虐待が始まった年齢や続いた期間，内容によって虐待が子どもに及ぼす影響はさまざまである。当然のことながら，より早期から始まり，長く続き，深刻な内容であるほど悪影響は大きい。ここでは虐待により引き起こされる子どもの障害として，アタッチメント障害とPTSD（Post Traumatic Stress Disorder：心的外傷後ストレス障害）のほか，脳の変化についても解説する。

（1）アタッチメント障害（反応性アタッチメント障害・脱抑制型対人交流障害）

　アタッチメントとは，人が生まれ育つ中で，なんらかの危機的な状況で生じた情緒的な不安定さを安定させるために，自分の最も身近にいる養育者（多くは親）に近づく本能的な行動である。たとえば部屋で遊んでいるときに，急に見知らぬ大人が入ってくれば，子どもはすぐに危険を察知して不安になり親に近づく。そこで親による適切な関わり（この場合で言えば抱き上げて「大丈夫よ」と声をかけるなど）があれば，子どもは「自分は安全である」という感覚を持つことができる。そしてしばらくすれば安心感をもって再び遊び始める。このような性質のアタッチメントが形成されれば，子どもはその後の人生で関わるさまざまな他者に対しても，基本的には相手を信頼し，安定した関係性を築ける可能性が高い。

　しかし，乳幼児期から虐待を受けている子どもは，養育者との関わりで常に怯え，警戒している状態が続くため，人生の早期に安定したアタッチメントを形成することができない。当然，その後のさまざまな人との関わりでも安定した人間関係を育むことが難しくなる。このアタッチメント障害には，重度のネグレクト状態で育った者が他者に対して全く無関心になってしまう

反応性アタッチメント障害と，そこまでひどくない虐待環境で育った者が他者に対して無差別的に薄い愛着を示す脱抑制型対人交流障害があるとされている。

(2) PTSD (Post Traumatic Stress Disorder：心的外傷後ストレス障害)

PTSDやトラウマという言葉は，1995（平成7）年の阪神淡路大震災以降，わが国でもよく耳にするようになった。トラウマというのは，命にかかわるような危険な出来事に遭遇し，心身に大きな衝撃（傷）を負うことである。そしてPTSDとはこのようなトラウマを経験した後に，時間が経ってもありありとその体験を思い出して（フラッシュバック），強い恐怖感を抱いたり，逆にそれらの体験を一切思い出さないように回避したり，感覚を麻痺させたり，緊張状態（過覚醒状態）が継続したりという症状が出る状態である。フラッシュバックや健忘，感覚の麻痺などは，「解離症状」と呼ばれる。

さらに，2019年に公表された国際的な疾病分類の第11回の改訂版（ICD-11）では，「複雑性PTSD」という分類が追加された。これはPTSDの症状に加えて，強い怒りの表現をするなど感情の制御ができない，自分自身に対する無価値感を持つ，対人関係を保つことが困難，といった症状を持つ一群で，長期間，繰り返し外傷体験にさらされた者が示すとされ，さまざまな児童虐待を受けて育った子どもの中にも見出される状態である。

(3) 脳の変化

近年，虐待が子どもの心に影響を与えるだけではなく，子どもの脳にも大きな影響を与えているという脳画像解析による実証的な研究がなされている。友田ら（2018）によれば，虐待の影響はストレスに弱いとされる脳の海馬や感情に深く関与した前頭葉，そして恐怖に関連する扁桃体に及び，性格形成や感情のコントロールなどに関連してくる。さらに，表7-1に示した虐待の種類や，それをどのような時期に受けていたかによって視覚野や聴覚野にも影響が及んでいるという研究結果も報告され，虐待による脳の変化は深刻なものであることが示されている。

6．学校の役割

　児童虐待防止に関する関係機関の中で，特に学校は子どもたちが一日の大部分の時間を過ごす場所であり，児童虐待防止のために果たす役割は大きい。教員は日常的に長時間子どもたちと接しており，子どもたちの変化に気づきやすい立場にいる。学校には，①日頃から子どもたちに接し，子どもの様子から虐待の問題に気づきやすい立場にあることから求められる役割と，②虐待的な家庭状況に置かれている子どもへの「教育的援助」という観点から求められる役割の大きく2つの役割がある（文部科学省，2006ほか）。

　児童虐待防止法では，学校の教職員に対し，児童虐待を発見しやすい立場にあることを自覚し，児童虐待の早期発見に努めること，そして虐待を疑う場合には児童相談所などへの通告を速やかに行うことが求められている。また，児童虐待の予防や防止，児童虐待を受けた児童の保護および自立の支援に関して，国や地方公共団体の施策に協力することも必要である。

　児童虐待を受けていると思われる児童生徒を発見した場合は，児童生徒からの聞き取りで情報を収集し，学校として速やかに児童相談所などへの通告や教育委員会への報告をしなくてはならない。ここで重要なのは虐待が生じているという確証を得る必要はなく，疑いの時点でも通告をしなくてはならない点である。より早期に虐待を把握し，関係機関が連携することで，児童生徒への被害を最小限に抑えたい意向が反映されている。

（1）虐待を疑わせる兆候

　文部科学省は，「学校・教育委員会等向け虐待対応の手引き」（令和元年）に，虐待の発生予防のために，保護者への養育支援の必要が考えられる児童等の様子や状況例として表7-4に示す項目を挙げた。少しでも虐待の疑いを感じた場合は，複数観察を行い，チームで対応していく必要がある。

表7-4　虐待の発生予防のために保護者への養育支援の必要性が考えられる児童等の様子や状況例

○このシートは、要支援児童等かどうかを判定するものではなく、あくまでも目安の一つとしてご利用ください。
○様子や状況が複数該当し、その状況が継続する場合には「要支援児童等」に該当する可能性があります。
○支援の必要性や心配なことがある場合には、子どもの居住地である市町村に連絡をしてください。

		☑欄	様子や状況例
子どもの様子	健康状態		不定愁訴、反復する腹痛、便通などの体調不良を訴える。
			夜驚、悪夢、不眠、夜尿がある。（学齢期に発現する夜尿は要注意）。
	精神的に不安定		警戒心が強く、音や振動に過剰に反応し、手を挙げただけで顔や頭をかばう。
			過度に緊張し、教員等と視線が合わせられない。
			教員等の顔色を窺ったり、接触をさけようとしたりする。
	無関心、無反応		表情が乏しく、受け答えが少ない。
			ボーっとしている、急に気力がなくなる。
	攻撃性が強い		落ち着きがなく、過度に乱暴だったり、弱い者に対して暴力をふるったりする。
			他者とうまく関われず、ささいなことでもすぐにカッとなるなど乱暴な言動が見られる。
			大人に対して反抗的、暴言を吐く。
			激しいかんしゃくをおこしたり、かみついたりするなど攻撃的である。
	孤立		友だちと一緒に遊べなかったり、孤立しがちである。
	気になる行動		担任の教員等を独占したがる、用事がなくてもそばに近づいてこようとするなど、過度のスキンシップを求める。
			不自然に子どもが保護者と密着している。
			必要以上に丁寧な言葉遣いやあいさつをする。
			繰り返し嘘をつく、空想的な言動が増える。
			自暴自棄な言動がある。
	反社会的な行動（非行）		深夜の徘徊や家出、喫煙、金銭の持ち出しや万引きなどの問題行動を繰り返す。
	保護者への態度		保護者の顔色を窺う、意図を察知した行動をする。
			保護者といるとおどおどし、落ち着きがない。
			保護者がいると必要以上に気を遣い緊張しているが、保護者が離れると安心して表情が明るくなる。
	身なりや衛生状態		からだや衣服の不潔感、髪を洗っていないなどの汚れ、におい、垢の付着、爪が伸びている等がある。
			季節にそぐわない服装をしている。
			衣服が破れたり、汚れている。
			虫歯の治療が行われていない。
	食事の状況		食べ物への執着が強く、過度に食べる。
			極端な食欲不振が見られる。
			友達に食べ物をねだることがよくある。
	登校状況等		理由がはっきりしない欠席・遅刻・早退が多い。
			きょうだいの面倒を見るため、欠席・遅刻・早退が多い。
			なにかと理由をつけてなかなか家に帰りたがらない。
保護者の様子	子どもへの関わり・対応		理想の押しつけや年齢不相応な要求がある。
			発達にそぐわない厳しいしつけや行動制限をしている。
			「かわいくない」「にくい」など差別的な発言をする。
			子どもの発達等に無関心であったり、育児について拒否的な発言がある。
			子どもに対して、繰り返し馬鹿にしてからかう、こあるごとに激しく叱ったり、ののしったりする。
	きょうだいとの差別		きょうだいに対しての差別的な言動や特定の子どもに対して拒否的な態度をとる。
			きょうだいで服装や持ち物などに差がある。
	心身の状態（健康状態）		精神科への受診歴、相談歴がある。（精神障害者福祉手帳の有無は問わない）
			アルコール依存（過去も含む）や薬物の使用歴がある。
			子育てに関する強い不安がある。
			保護者自身の必要な治療行為を拒否する。
	気になる行動		些細なことでも激しく怒るなど、感情や行動のコントロールができない。
			被害者意識が強く、事実と異なる思い込みがある。
			他児の保護者との対立が頻回にある。
	学校等との関わり		長期にわたる欠席が続き、訪問しても子どもに会わせようとしない。
			欠席の理由や子どもに関する状況の説明に不自然なところがある。
			学校行事への不参加、連絡をとることが困難である。
家族・家庭の状況	家族間の暴力、不和		夫婦間の口論、言い争いがある。
			絶え間なくけんかがあったり、家族（同居者間の暴力）不和がある。
	住居の状態		家中ゴミだらけ、異臭、シラミがわく、放置された多数の動物が飼育されている。
			理由のわからない頻繁な転居がある。
	サポート等の状況		近隣との付き合いを拒否する。
			必要な支援機関や地域の社会資源からの関わりや支援を拒む。

116

	【その他　気になること，心配なこと】	
	経済的な困窮	保護者の離職の長期化，頻繁な借金の取り立て等，経済的な困窮を抱えている。
	生育上の問題	未熟児，障害，慢性疾患，発育や発達の遅れ，（やせ，低身長，歩行や言葉の遅れ等）が見られる。
＊	複雑な家族構成	親族以外の同居人の存在，不安定な婚姻状況（結婚，離婚を繰り返す等）。
参	きょうだいが著しく多い	養育の見通しもないままの無計画な出産による多子。
考	保護者の生育歴	被虐待歴，愛されなかった思い等，何らかの心的外傷を抱えている。
事	養育技術の不足	知識不足，家事・育児能力の不足。
項	養育に協力する人の存在	親族や友人などの養育支援者が近くにいない。
	妊娠，出産	予期しない妊娠・出産，祝福されない妊娠・出産。
	若年の妊娠，出産	10代の妊娠，親としての心構えが整う前の出産。

＊不適切な養育状況以外の理由によっておこる可能性の高い事項のため，注意深く様子を見守り，把握された状況をご相談ください。

（文部科学省「学校・教育委員会等向け　虐待対応の手引き」2019より）

（2）援助のポイント

　虐待が疑わしい子どもに関わる際のポイントをいくつか述べる。第一に，虐待を受けている子どもは人とのかかわりで安心感を得にくく，不安，緊張，怯えの中にいることが多いということに留意する。少しでも慣れ親しんだ相手（管理者よりも担任や養護教諭など）が少しでも安心できる場所（職員室や会議室ではなく教室，保健室など）でゆっくりと穏やかに言葉をかける。「あなたが家で叩かれたりひどいことを言われたりしているのではないかと心配している」「もしそうであるなら，私たちはあなたのことを守りたいと思っている」ということを子どもの年齢に合わせてわかりやすく伝える。「親には絶対に言わないから」「他の誰にも言わないから」という約束はよくない。また，親に対する批判的な言動もつつしむべきである。そうならざるを得ない状況にある親を理解し，虐待を生じさせないために何ができるかを学校や社会が共に考え支援していく姿勢が重要である。虐待は許されないことであるが，だからと言って親の責任を追及すればそれで問題が解決するわけではない。

　虐待の通告後も，継続して見守りが必要である。保護者が通告されたことに反応し，虐待がエスカレートする可能性があったり，児童らがすぐに保護されずに自宅で生活を続けることがあったりする。学校での継続した観察，対応が必要となる。

（3）虐待防止のために

　児童相談所では虐待かもと思った時などに，すぐに通告・相談ができる全

117

国共通の電話番号（１８９：いちはやく）を有している。この番号にかける
と最寄りの児童相談所につながる。通告・相談は匿名で行うこともできる。
また，認定特定非営利活動法人の児童虐待防止全国ネットワークが行うオレ
ンジリボン運動などもある。これらの情報を共有していくことが重要である。

●事例1　高校1年生女子への父親からの暴力

　高校1年生の女子。半年くらい前に額にあざがあり，担任が尋ねたと
ころ「転んだ」と答えていた。ある日，気分が悪いというので，保健室
で横になり，養護教諭と話していた。すると昨日父親から突き飛ばされ
て後頭部を打撲したと涙ながらに告白した。養護教諭の勧めで担任とス
クールカウンセラーにも同席してもらい，詳しく話を聴くと，数か月前
から自宅を追い出されていて，父親が賃貸契約をしているアパートで一
人暮らしをしていることがわかった。昨日はあまりの寂しさに自宅に
戻ったところ，父親に出て行けと突き飛ばされたとのことだった。

　本人の話によると，幼少期から祖父のところに預けられて育ったよう
で，できれば一人暮らしではなく祖父宅から登校したい希望があった。
そして高校を卒業したら早く自立して一人で生きていきたいと思ってい
るという。自宅では他のきょうだいはかわいがられるが，なぜか自分だ
けが父に嫌われているという。父親は母親にも暴力をふるうため，母親
も本人をかばうようなことは何も言わないとのことだった。両親は一人
暮らしなどの事実を学校に知られることを嫌がっているので，自分が話
したことは秘密にしてほしいということだった。担任は保護者面談や学
校行事に保護者が来校した時の様子を思い返してみた。この生徒の保護
者は非常に腰が低く，担任は生徒の話に驚くばかりだった。一方でこの
生徒が嘘をつくような子どもにも見えなかった。

対応

　教員は管理者にも相談し対応を検討した。その結果，虐待の疑いがあ
ると判断し，校長が児童相談所に通告をした。校長は，生徒が話をした
ことを知られたくないと思っていること，保護者の日頃の様子なども伝

え，生徒にさらなる被害が生じないよう十分に留意して対応してほしい
旨も伝えた。

　学校では生徒と担任との面接を継続し，生徒の身体の傷に対しては養
護教諭が，こころの傷に対してはスクールカウンセラーが対応するよう
チームを組んで動いていくことにした。

第2節　非行，問題行動

1．非行

（1）調査結果

　警視庁の平成30年の調査結果を以下に示す。都内において非行少年とし
て検挙・補導された少年は5,124人で，前年度に比べて9.1%減少したそうだ。
刑法犯少年，特別法犯少年は減少したが，ぐ犯少年（保護者の正当な監督に
服しない性癖があるなど一定の事由があって，その性格又は環境に照らして，
将来，罪を犯し，又は刑罰法令に触れる行為をするおそれのある少年をいう
（少年法第3条第1項第3号））は14.2%増加している。不良行為少年も減少
しているが，少年相談件数は増加している。また，児童虐待事案の取扱件数
は増加し，被害児童は17.1%増加したという結果になっている。

　図7-3に平成30年中に警察が補導した学種別検挙・補導状況を示す。小学
生は721人，中学生は812人，高校生は1,156人，その他の少年が1,440人で
ある。小学生から非行が始まり，年齢により人数も増加している。

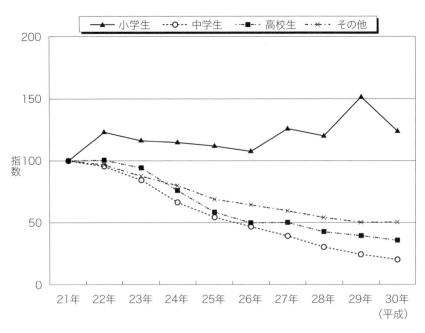

学種別	年次 (平成)	21年	22年	23年	24年	25年	26年	27年	28年	29年	30年
小学生	人員	580	715	675	667	649	626	730	698	881	721
	指数	100	123	116	115	112	108	126	120	152	124
中学生	人員	3,979	3,813	3,360	2,652	2,167	1,873	1,568	1,214	984	812
	指数	100	96	84	67	54	47	39	31	25	20
高校生	人員	3,205	3,222	3,019	2,433	1,878	1,594	1,614	1,367	1,260	1,156
	指数	100	101	94	76	59	50	50	43	39	36
その他 の少年	人員	2,873	2,792	2,515	2,297	1,981	1,844	1,704	1,558	1,443	1,440
	指数	100	97	88	80	69	64	59	54	50	50
合　計	人員	10,637	10,542	9,569	8,049	6,675	5,937	5,616	4,837	4,568	4,129
	指数	100	99	90	76	63	56	53	45	43	39

（警視庁生活安全部少年育成課「平成30年中 少年育成活動の概況」2018より）

図7-3　学種別検挙・補導状況

（2）非行についての調査

　内閣府政策統括官による第4回非行原因に関する総合的研究調査（平成22年）にさまざまな結果が提示されている。例として，学校での嫌なことを尋ねた結果を図7-4に示す。小学生においては非行少年の母数が少ない中での比較であるが，嫌なことはないと答えた割合は一般少年の方が高い。それに比べて非行少年が高く，小学生においては一般少年14.9%，非行少年34.4%となっている。

　ここで筆者が注目したのは，図7-5の「学校の先生」という項目である。残念ながら小学生は調査対象に入っていないが，中学生，高校生，大学生，有職・無職等を対象とした調査である。しかし，「信頼できる先生がいる（いた）」という質問なので，回答した中学生は小学校時代の教員について記述している可能性がある。

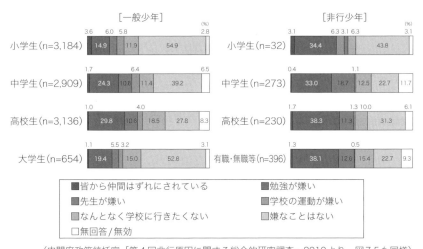

（内閣府政策統括官「第4回非行原因に関する総合的研究調査」2010より。図7-5も同様）

図7-4　学校での嫌なこと

信頼できる先生がいる（いた）

	［一般少年］	(%)		［非行少年］	(%)
中学生(n=2,909)	48.2 / 34.6 / 16.7 / 0.5		中学生(n=273)	47.5 / 24.9 / 27.5 / -	
高校生(n=3,136)	47.0 / 33.0 / 19.5 / 0.6		高校生(n=230)	54.8 / 24.3 / 20.0 / 0.9	
大学生(n=654)	60.2 / 26.9 / 12.4 / 0.5		有職・無職等(n=396)	60.1 / 16.7 / 22.7 / 0.5	

■はい　■どちらでもない　■いいえ　□無回答/無効

図7-5　学校の先生

　高校では信頼できる先生がいる（いた）が一般少年と比較して，非行少年の方が高い。気軽に相談できる先生がいる（いた）および先生は私の意見や考えにいつも耳を傾けてくれる（くれた）については，中学生も高校生も大学生も非行少年の方が高い結果となっている。非行少年の方が学校の先生とのかかわりが多いと読み取ることができる。またはかかわりが印象に残っているといえるだろう。これは非行少年に対象希求性，人を求める力があるということを示していると考えられる。すなわち，非行少年たちは大人を馬鹿にしたり反抗的な態度を表面的にはとっているが，実は大人との出会いやかかわりを大切に思っていたということである。

　一方，教員が非行少年にかかわろうとしている姿勢を表しているとも考えられる。この数値からは，教員や保護者の非行少年への支援は非常に有効だといえるであろう。

（3）非行少年らへの教員の働きかけ

　（2）において言及したが，教員の働きかけは非行少年のこころに残っているということがわかる。この節で扱っている子どもたちの特徴は，表面的な行動は非行であり，自分たちの心の中のもやもやを行動で表している。それを受けた周囲は振り回され，嫌気がさしてくる。しかし，話を聴いたり，かかわることが少年たちに影響を与えているという数値が出ているので，非行少年たちは一見，無関心な様子を示しても，実際は教員のかかわりを深く受け止めていると推察することができる。非行少年だからと見捨てるのではな

く，真剣に向き合ってくれる大人の存在が大切である。小学校高学年から中学，高校にかけては，特に両親とは距離も近く，発達的にも反抗的になる時期であるが，学校の先生という存在は親とは違う大人像を提供することになる。親の言うことはきかなくても，先生の言うことはきいたりすることもある。当然その逆もある。

特に小学生は家出や深夜の徘徊により出会った中学生などのグループに入り，問題行動を体験し始める。この段階で，保護者および教員が叱るだけでなく，本人に寄り添い，なぜグループに入りたくなったのかを理解していくことが大切である。たとえば，両親が共働きで夜遅くまで一人で過ごすために寂しくてグループに入る児童もいる。勉強が難しくなり劣等感を抱き自分を肯定してくれるグループに居場所を見つける児童もいる。自分を強く見せようとしている児童もいる。まだ大人のかかわりを欲していることも多く，場合によってはスキンシップなどが必要になることもある。

中には，小学生であっても本人達は全く問題意識を持っていなかったり，解決する必要を感じていなかったりする児童もいる。教員は，あきらめずに粘り強くかかわり続けることが要される。

また，善悪だけで見るならば，非行少年の行動は悪である。しかし既に述べたように，教員は警官や裁判官ではなく，教育者なのであるから，叱ったり非難するだけではなく，正しいことを教えながらも，問題行動を起こす児童の背景を理解していく必要がある。自己評価が低く，自分は駄目だ，何をやっても同じだなどと自暴自棄になっている児童に，お前は駄目だと叱れば，こころに別の傷を負わせることになる。

2．リストカット

（1）リストカットとは

リストカットとは，自分の手首を刃物で傷つける行為のことをいう。手首を傷つけるだけではなく，腕や足，首，腹など体のさまざまな部分を切る，刺す，咬む，ひっかく，殴るなどの行為もあり，これらを総称して自傷行為とよんでいる。「リストカットで死ぬことはない」と言われることもあるが，本人の意図に反して，対応の遅れなどで結果的に死に至る場合もあり，教員

は自傷行為に関する正しい理解をもとに適切な対応をすることが求められる。

　日本学校保健会の調査（2013）では，保健室で相談された自傷に関する問題は，児童生徒千人あたり，小学校で0.2人（0.02％），中学校で4.5人（0.45％），高校で3.7人（0.37％）となっている。一方で，中高生に対して行われた無記名のアンケート調査（松本，2009）では，約10％の生徒に自分で自分の体を切るという自傷行為の経験が報告されており，過去に1回以上の自傷経験のある生徒のうち，その半数以上が10回以上の自傷経験があると答えている。つまり，自傷経験のある生徒のうち学校で教員が把握するのはそのごく一部であって，潜在的には多くの自傷者がいると考えられる。また，自傷のテーマが保健室や病院で扱われるのは，男性よりも女性の方が多い印象を受けるが，一般人口における自傷行為の経験率に性差はない（松本，2009）とされている。

　リストカットに代表される自傷行為が発生する要因にはどのようなことが考えられるのか。「周囲の気を引きたいから」などの注意獲得的な意味合いが主な要因であったが，それ以外にも「弱々しい自分を表現している」，「アピールである」という自己表現のような解釈を聞くことがある。「リスカ」（リストカット），「アムカ」（アームカット），「レグカ」（レッグカット）という言葉が用いられ，中高生の間では自傷行為の流行という現象さえ起こりうる。自傷する理由を問うた調査（松本，2009）では，表7-5に示すように，自傷者の半分以上は，イライラを抑えたり，つらい気分をすっきりさせたりするために自傷をしている。つまり，自傷によって自身の不快な感情をコントロールしようとしており，他者にわかってもらいたくて自傷している者は2割に満たない少数派という結果が出ている。

表7-5　自傷する理由

自傷する理由	割合
イライラを抑えるために	48.5%
重要他者（家族・友人・恋人）に自分のつらさを分かってほしくて	18.2%
死にたくて	18.2%
つらい気分をすっきりさせたくて	9.1%
その他	9.1%

（松本，2009より）

　リストカットをする人に聞いてみると，「切っているときは痛くない」と痛みを感じない人が多い。「流れる血を見て自分が生きているという実感を持てて安心でき，しばらくは落ち着いていられる」という。また，「出血の量が多ければ多いほど，自分はこれほど辛かったんだということがわかってほっとする」という人もいる。リストカットを止めたいと思いつつ，この安心感を得たいために繰り返し切る人も多い（表7-6）。自傷は，自身の不快な感情のコントロールのため，自身の心の苦しみを目に見える形に変えるため，つらい気持ちを周囲にわかってもらうため，とその自傷行為の理由はさまざまである。さらに，「自傷行為は，生理学的な立場から見ると覚醒度が過剰に低下もしくは亢進した状態に対して，覚醒度を適切なレベルに調節するためにおこなわれる行為」（林，2007）ともいわれており，自傷にまつわる脳内物質の分泌に関する研究も進んでいる。そして何よりも，切ることに依存し，それにより耐性ができるので，より深くより多く切るという現象に至ることがある。

表7-6　自傷行為の習慣性・嗜癖性に関するアンケート

10回以上の自傷経験	72.8%
自傷創の縫合処置を受けた経験	30.9%
自傷を止めたいと思ったことがある	79.0%
止めようと誓ったのに自傷してしまったことがある	76.5%
自傷は癖になると思う	85.0%
生きるためには自分には自傷が必要である	21.0%

（松本，2009より）

（2）リストカットの援助

　これはリストカットのみならず，自傷行為の際の援助と読み替えても良いであろう。

　学校現場でリストカットが行われているのを発見した場合，周りの生徒への影響も考え，冷静かつ迅速に保健室と連携し，本人に対する傷の手当て，周囲の生徒に対する心のケアを行う。

　リストカットを知らせてくれたり，傷の手当てに保健室を訪れたりしたならば，よく話してくれた，よく来てくれたと，助けを求めた行動を肯定することが大切である。

　リストカットをすることで，自分を保っていることが多いので，やめなさいという働きかけは無意味である。頭ごなしに二度としてはいけないと言うなどは，本人を大切に思っている気持ちを伝わりにくくする。まずは本人の話を傾聴し，リストカットの意味を共に考えていくことが大切となる。そして「生きるために今は必要なんだね」というようにリストカットを肯定することも必要な場合もある。ただその際は，「でも心配だ」というこちらの意見を伝えることも忘れてはいけない。また，親には言わないで，と頼まれることが多いが，その場合も，親に言うとどうなると思っているのかという予想を聞いたり，「親に言わないで」ということで何を伝えようとしているのかを理解していくことが大切である。

　これらの援助は，他の出来事と同様，教員が一人で抱えず，養護教諭，スクールカウンセラーはじめ学校組織や医療機関なども交えて，それぞれの役割や専門性を活かしながらチームで支援していく。リストカットに振り回さ

れることなく，しかし軽視しすぎずに援助を継続していく。

　林（2007）は，「自傷者を援助する皆さんへ」と題した文章，松本（2012）は「自傷行為の理解と援助」という論文を発表しているので参考にするとよいであろう。

　周囲の生徒が動揺している場合には，傷の手当てが適切に行われていることを伝え，動揺を否定せずに，驚きや不安に共感する。そして，心の苦しみやつらさを行動でなく，言葉で表現することの大切さを説く。必要に応じて個別に話をしたり，スクールカウンセラーの活用を促したりする。

　医療機関における自傷行為の治療は，自傷者の抱えている問題を特定し，良好な治療関係を前提に，時間をかけて行われる。自傷行為を精神科医療から見た場合，原因として精神疾患，パーソナリティ特性，状況的要因を考える（林，2007）。精神疾患の治療には薬物療法が行われることが多く，パーソナリティ特性や状況的要因に対しては，カウンセリングや環境調整が有効であると考えられている。

●事例2　リストカットの事例

　中学1年のDさんは，明るい性格で，クラスに友達もおり，担任からは楽しそうに学校生活を送っているように見えた。中学2年に上がりクラス替えがあると，Dさんは親しい友達と離れ離れになってしまい，同じクラスにはなかなか友達ができなかった。それでも持ち前の明るさで頑張っていたが，ある時クラスの女子がDさんのことを「小学生みたいにはしゃいでいて中2とは思えないよね」と話しているのを聞いてしまい，ショックを受けた。それからはクラスのみんなが自分のことを悪く思っていると信じ込み，イライラして周りにあたるようなことがあったり，授業にも集中できず成績も落ちたりした。家でも家族と話す機会が減り，自室で携帯電話やインターネットを見ていることが多くなった。あるときDさんはネットで同じ中学生がリストカットをしているページを見つけ熱心に読みふけった。もしかしたら自分もリストカットをすればこのもやもやした気持ちがすっきりするのではないかと思い，カッターでうっすらと手首に傷をつけてみた。白い肌に浮かび上がる真っ赤

な血を見ると，少し安心した気持ちになり，自分が大人になったように感じ，イライラがふっとおさまった。それからは学校から帰ると毎日のように自室で手首に傷をつけるようになり，なぜかそのことでクラスの女子に優越感を抱くようになった。昨日よりは今日と，切る深さは徐々に深くなっていった。

第3節　インターネット関連

さまざまなIT技術の発展に伴い，パソコン，スマホ，タブレット，ゲーム機など，生徒はさまざまな機器を使用している。また，通信技術も発達しており，FacebookやTwitterなどのSNS，Instagramなどの写真に特化したSNS，チャットや無料通話ができるLINEなどのSNS，無料通話ができる

表7-7　青少年のインターネットの利用内容（平成29年度）

		コミュニケーション	ニュース	情報検索	地図・ナビゲーション	音楽視聴	動画視聴	電子書籍	ゲーム	ショッピング・オークション	その他
いずれかの機器	総数(n=2713)	68.2%	31.7%	61.9%	30.1%	63.7%	77.7%	14.4%	74.9%	13.7%	7.5%
	小(n=664)	34.3%	9.3%	38.0%	5.6%	33.1%	63.6%	4.8%	77.9%	2.6%	9.2%
	中(n=1115)	70.4%	30.7%	61.9%	23.9%	65.7%	80.3%	14.6%	73.5%	9.4%	7.1%
	高(n=915)	89.8%	49.0%	78.9%	54.9%	83.3%	84.9%	21.1%	74.8%	27.1%	6.6%
スマートフォン	総数(n=1644)	83.9%	38.6%	67.0%	40.7%	71.5%	78.8%	15.5%	72.1%	17.3%	1.8%
	小(n=177)	46.9%	9.0%	38.4%	7.9%	31.1%	59.9%	4.0%	76.8%	0.6%	1.7%
	中(n=608)	84.5%	34.2%	61.8%	29.9%	69.1%	77.6%	13.2%	69.7%	9.2%	1.5%
	高(n=842)	91.1%	47.7%	76.7%	54.9%	81.6%	83.6%	19.5%	72.9%	26.7%	2.0%

（内閣府「平成29年度 青少年のインターネット利用環境実態調査 調査結果（速報）」2018より引用）

Skypeなどの SNS など次から次へと新しいサービスが出現している。内閣府の調査を表7-7に示す。

　小学生，中学生，高校生で動画視聴，ゲーム，コミュニケーションに利用している率が高く，高校生はコミュニケーションが約90％となっている。児童生徒たちの時間の過ごし方，コミュニケーションの形式，対人関係も変化していると考えられる。

1. インターネットの媒体
　まず，生徒たちにインターネット関連について指導をしていくためには，教員自身がインターネット事情を把握し，利点を理解していなくてはならない。

(1) SNS
　SNSはソーシャルネットワーキングサービス（social networking service）の略である。人と人とのつながりを促進するサービスである。写真や自己紹介も簡単にできるが，自分のメールアドレスを公開する必要がない。また，テキストといって，メッセージなどをチャット形式でやりとりできるため，メールよりも手軽で手早い。代表的なものにFacebook，Twitter，LINEなどがある。

(2) LINE
　韓国の会社NAVERの日本法人である会社が提供している。無料でメール，トーク，写真・動画の共有，登録しているお店などの最新情報やクーポンなどが手に入るなどのサービスがある。実名を登録する必要もなく，トーク内容は公開されないので，閉じられたグループ内でのコミュニケーションとして利用する人が多い。

(3) Twitter
　サンフランシスコにあるTwitter社により提供されているサービス。140字以内のメッセージをつぶやく（投稿する）ことができる。さらに自分のtweetをフォローするユーザーが出てきて，知らない人たちとのTwitter上

でのやりとりが可能となる。また，リアルタイム性があり，キーワード検索もできるため，今起きている事件などをTwitterにあげる人が多い。

（4）Facebook

メンロパークに本社があり，大学生が起業したことで有名になった。実名登録が基本である。投稿は公開することも，限定してプライバシーを保護することもできる。また，公開設定にしたときには，関連のありそうな友達が検索可能となる。ビジネスや就活，震災ボランティア活動などにも利用されている。

（5）Instagram

写真に特化したアプリケーションソフトウェアである。無料で撮影，編集ができ，同アプリでも共有できるが，他のTwitterやFacebookなどのSNSで共有することもできる。

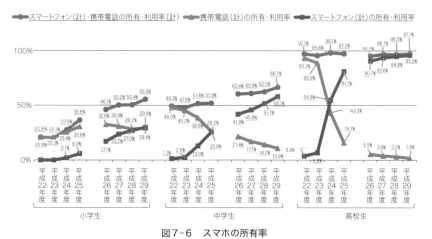

図7-6　スマホの所有率

（内閣府「平成29年度 青少年のインターネット利用環境実態調査 調査結果（速報）」2018より引用）

２．スマホの所有率

　図7-6によると，平成29年度における小学生のスマホの所有率は，29.4％，中学生の所有率は，58.1％，高校生の所有率は95.9％となっている。スマホ所有率が非常に高くなっている。

３．インターネットにはまりやすい児童生徒・ネット依存

　家庭環境や生育環境も，インターネットにはまりやすくする要因のひとつと考えられる。父親がスマホが手放せなかったりすると，子どもが一日中オンラインゲームをしていても，何も問題に感じないなど，親のインターネットに対する意識が重要なポイントになる。また，虐待や両親の不仲なども，その主要な要因とされ，このような環境で育った子どもは，いまの辛い状況から逃れようと，インターネットの世界へ逃げ込む場合がある。

　次にネット依存症について説明をする。

　ネット依存症は，依存症という言葉からもわかるように，自分の意志ではコントロールができない状態をいう。すなわち，自分の意志で，インターネットや携帯をやめられないのである。さらに，それをしていないと不安になったり，イライラしたりする。一般的にもスマホがないと不安であるという状態は昨今生じているが，依存症となる人は，このために日常生活に支障が出てくるかどうかがその境界線となる。ネットに熱中するがあまり，朝起きられず不登校状態になる，禁止された場所でもネットがしたくてたまらずしてしまう，家族と話すよりネットが楽しいので隠れて行うなどである。ただ，学校や対人関係などの現実生活において嫌なこと（ストレスとなること）があり，無意識にこれを回避するためにネットに熱中していることも多い。

４．インターネット関連のいじめの事例
●事例３　LINEを使用している中２女子

　つい眠くてLINEを読んだまま眠ってしまい，翌朝起きると100個以上の書き込みがあり，そのすべてがこの女子の悪口であった。あわてて，「寝ちゃったよ，ごめん」と書き込んだが，そのまま登校しても皆から無視されるようになった。

●事例4　LINEのグループから外された中3女子

　いつものLINEのグループに書き込んでいたが，どうもクラスメートの様子がおかしく，なにかあると思っていた。ふとした拍子に友達のLINEがみえたところ，この女子だけが外された別のグループがあり，何も知らないで書き込んでいる女子をネタに盛り上がっていた。

●事例5　LINEの誹謗中傷を阻止しようとして逆にいじめの被害者に　　　　なった中2女子

　ある同級生が好意をよせていた男子生徒と仲良く話したということが発端で，一人の女子生徒がLINEの誹謗中傷のターゲットになった。悪口が次々書き込まれ，挙げ句にはあいつは援助交際をしているなどと，真偽のほどもわからない書き込みまで出始めた。正義感の強い女子が「もうやめようよ」と書き込んだところ，突然この女子が悪者に仕立て上げられ，怒号のように悪口が無数に書き続けられ，学校でも集団でシカトされるようになった。さらにそのLINEのグループにはこの女子が退会しましたと書かれており，その後どの子にメッセージを送っても既読がつかず，通話ボタンを押してもつながらず，ブロックされたことに気がついた（ブロック：相手に気づかれずにメッセージや通話ができない状態にすること）。

5. インターネット関連の問題行動の例

●事例6　いじめている場面を動画に撮影しSNSに投稿する高1男子

　複数の男子が取り囲み，泳げと脅して川に飛び込ませ，溺れかけている様子を撮影した動画を投稿した男子生徒たちは，それが証拠となり警察に取り調べを受けることになった。

●事例7　自殺現場を撮影し，SNSに投稿する中3男子

　たまたま自殺現場を通りがかり，友人であったにもかかわらず，本人も写っている血だらけの現場の写真をTwitterに投稿したり，友人にメールに添付して送信したりした。それを見た生徒の中には，気持ちが

悪くなったり，恐怖感や不安感に襲われるなどの急性トラウマ症状のような状態を呈した者がいた。

6．インターネット関連の事件の例
●事例8　Twitterに写真を投稿した中1女子

　中学に入学したお祝いにスマホを買ってもらい，うれしくてさまざまなSNSを試してみていた。Twitterに投稿してみたところ，リツイートがきて，楽しくなり，言われるがままに制服姿の写真を投稿した。相手はエスカレートして下着の写真を送れとせがんできた。断っているうちに，学校はわかっているから待ち伏せすると脅され，怖くなり両親に相談をし，警察に相談することとなった。投稿した制服姿の写真はかなりの数拡散されていた。

7．生徒とインターネット

　中学入学のお祝いにスマホを買ってもらうなどということもあり，小学校卒業時や中学入学時に，さまざまな問題が生じることが多い。つい面白半分で投稿したところ，大きな事件に発展してしまったりする。特に中学生は，スマホを手に入れて大人になった気持ちになるが，まだまだ実際は現実を検討する力も弱く，子どもである。この現実検討力のなさや判断の甘さにより，社会のさまざまなトラブルに巻き込まれていくことが多いが，それらを自分で解決する力は持っていない。

8．教育的指導
（1）啓発

　まずは，未然に防ぐために，啓発として，インターネットのメリットとデメリットを教える。そのためには，教員自身が実際に利用してみるなどして，メリットも理解していないと，形だけの生徒指導になってしまう。またその際，ここに提示した事例のような身近な例を使い，人ごとではなく，明日は我が身だというリアルな感覚を生じさせることが大切である。無機質なスマホを相手にしていると，あたかも他人事のように感じてしまうからである。

警察の方からネット犯罪などの話をしてもらう学校も多い。

(2) インターネット・リテラシーの指導

　インターネット・リテラシーの向上は，フィルタリングの普及と並んで青少年インターネット環境整備法の柱の１つである。インターネット・リテラシーとは，情報ネットワークを正しく利用することができる能力をいう。総務省による「2018年度　青少年インターネット・リテラシー指標等」によると，青少年に必要なリスク対応能力として次の３つが挙げられる。

・インターネット上の違法コンテンツ，有害コンテンツに対処できる能力

　　a．違法コンテンツの問題を理解し，適切に対処できる。

　　b．有害コンテンツの問題を理解し，適切に対処できる。

・インターネット上で適切にコミュニケーションができる能力

　　a．情報を読み取り，適切にコミュニケーションができる。

　　b．電子商取引の問題を理解し，適切に対処できる。

　　c．利用料金や時間の浪費に配慮して利用できる。

・プライバシー保護や適切なセキュリティ対策ができる能力

　　a．プライバシー保護を図り利用できる。

　　b．適切なセキュリティ対策を講じて利用できる。

　また，関係事業者によるリテラシー向上のための周知啓発活動も行われており，携帯電話事業者，サイト監視業者，また，総務省と文部科学省が連携して，地域の関係者（自治体，教育委員会，PTA，学校関係者等）との全国的な啓発活動に展開している。

(3) ネットいじめの場合は加害者の特定が難しい

　鍵がかかっていると，中を見ることができないなど，ネットのいじめは発見が難しいこともある。発見していじめが特定できたとしても，削除されてしまったり，誰が書いたかわからない場合が多い。

　ネットいじめの初期対応としては，いたちごっことはいえ，LINEなどの画面をみつけたらすぐに写真を撮っておくことである。消されてしまったのでは，証拠さえもなくなってしまう。

　直接的なコミュニケーションと違い，スマホの画面に書き込む場合には，表現がエスカレートしたり，一人で感情が高まったりもするために，冷静に読み返すと驚くような文章を書くこともある。その逆で，面と向かって言ったような罪悪感も残らない。先に述べた写真で撮影した画面を，時間をおいて加害者に読み返させたり，1対1の面接場面でゆっくり教員と話してみることにより，自分の行為を客観的に考えさせることも有用である。

（4）リアルな対人関係

　生徒の中には，いじめや家庭内の問題などで居場所を失い，インターネットに自分の居場所を求めている例も多い。身近にいる大人がきちんと対峙して会話をする，相談にのるなどをすることが実は生徒をインターネット依存から救うことになる場合も多い。単に昼夜逆転していることや，ネットばかりしていることを叱るだけでは，リアルな対人関係にますます嫌気を感じさせてしまう。きちんと対峙するというのは，具体的にはたとえば，ネットでどのような記事を読んでいるのか，どのような音楽が好きなのか，ネットのどのようなところが面白いかなど，本人のネット上の興味関心をリアルな言葉でリアルな関係において，やりとりしていくことが大切となる。その後，言葉で語ること，言葉でやりとりすることに慣れてくるうちに，信頼関係も構築し始めていく。

第4節　性の問題

　思春期は第二次性徴という大きな肉体的変化が生じ，精神的にも自立に向けて成長を遂げる時期であり，性的関心や性的経験，性行動が活発化する時期である。性の問題のひとつである性非行，性の多様性について考える上で，性的マイノリティについて学ぶ。

1．性行動と性意識

　日本の青少年の性行動や性意識に対して縦断的かつ横断的な実態調査を行ったものとして，日本性教育協会による「青少年の性行動全国調査」が

挙げられる。1974年以来ほぼ6年間隔で実施されており，第3回1987年調査からは高校生と大学生に限られていた調査対象に，中学生も加えられた。2017年に行われた第8回調査報告をもとに中高生の性行動と性意識の変化を概観する。

（1）デート経験

　中学生のデート経験率は，1987年以降どの調査年度においても女子が男子を上回っていたが，2011年調査では初めて男子の経験率が上回った。高校生のデート経験率は2017年調査では男子は54.2%，女子は59.1%であり，2005年と比較して，男女ともにデート経験率は下がっている。

（2）キス経験

　中学生のキス経験率は1990年代から2005年にかけて男女ともに経験率が上昇したが，その後は低下し，2017年調査では男子は9.5%，女子は12.6%となっている。高校生も同様に2005年にかけて男女ともに明確に経験率の上昇がみられたが，2017年調査では，男子は31.9%，女子は40.7%と男女ともにキス経験率は大幅な低下傾向を示している。

（3）性交経験

　中学生の性交経験率は男女ともどの年度でも3%から4%程度と，中学生にとって性交はまだ少数の者が経験する性行動である。高校生の性交経験率は2005年にかけては上昇していたが，2017年は男子13.6%，女子は19.3%と減少し，男子の経験率を上回っている。

　1990年代以降は性的関心も性的経験もある高校生と，性的関心も性交経験もない高校生への分極化が進行しているという（高橋，2007）。

　林（2013）は，性に関する一方的な教育だけでなく，青少年の性の現状を明らかにし，当事者にフィードバックしていくことが必要であると指摘している。

2．性非行

　性非行の法的分類として，刑法に該当する性犯罪（強姦や強制わいせつ，性的動機で行われる窃盗，のぞきなど）と非犯罪行為であるぐ犯や不良行為に大別される。非犯罪行為には，売春や淫行，みだらな性交等，不純な性交，不純異性交遊が含まれ，通称は性的逸脱行為などと呼ばれている。性非行は加害者にも被害者にもなりうる特徴を有している。

　情報化社会の進展により，携帯電話やインターネットを通じた見知らぬ相手と出会う交流サイト（出会い系サイトに加えて，ゲームサイト，プロフィールサイト，SNSなどを含めたもの）を媒介として，援助交際をはじめとする性的逸脱行為に発展することがある。中でも女子の場合は，強姦や強制わいせつといった性犯罪被害，児童ポルノ被害にあうことも少なくない。

　家庭的背景が青少年の性行動に影響を与えることが言われており，「第7回青少年の性行動全国調査」（2011）によれば，高校生女子において「家庭が楽しくない」と回答する場合に性交経験率が高い結果となっている。家庭が楽しくないので街に遊びに行く，異性と知り合う，性経験／性被害という一連の流れがあることが予想される。

3．性暴力

　性暴力は，性的な要素を含んだ暴力を使って人を傷つける行為であり，性的なからかいから性犯罪まで，幅広い行為を含む。具体的には，体をじろじろ見る，言葉等で性的からかいを言う，盗撮，下着の窃盗，痴漢，相手の裸や性器を無理やり見せられる，裸や性器の露出を強要される，性的虐待，強制わいせつ，強姦などが挙げられる。性暴力にあうのは女子だけでなく，男子に対する性暴力も存在する。行われるのは，学校や電車といった公共の場所，路上や屋外，職場，自宅など場所を問わない。相手との関係性は，まったく知らない相手だけでなく，顔見知りによる被害も多く，親密な関係にある家族や親族，近所の人，教師，友達や恋人，夫婦間でも生じるものである。

　また，レイプや強制わいせつといった性犯罪被害は一部の子どもにしか起こらない特殊な問題であると考えがちである。しかし，平成29年の強制性交等の被害の認知件数は1109件（警察庁）であるが，警察に通報されず，

事件として認知されなかった被害はこの中に含まれない。実際には報告されない暗数が多数あると考えられる。

　検挙件数のうち，加害者と面識がない被害としては，強制性交等は40.6％，強制わいせつは69.5％である。したがって，実際の性犯罪の多くは，顔見知りによるものも多いと考えられる。

　性暴力被害者への基本的な対応としては，安心・安全な環境で，被害者の言葉を否定することなく聞くことである。「忘れたほうがいい」という安易な助言は，かえって被害者を傷つけることになる。暴力の責任はすべて加害者にあり，被害者の欠点などと結びつけることはしてはいけない。

4．性的マイノリティ（LGBT）

　性的マイノリティ（性的少数者）とは，性的マジョリティ（性的多数者）の対語であり，性的マジョリティではない，同性愛や両性愛，性別越境者など多様な性のあり方（セクシュアリティ）が含まれる。4つのセクシュアリティ（性のあり方）を一括して表す。LGBTとは，レズビアン（Lesbian），ゲイ（Gay），バイセクシャル（Bisexual），トランスジェンダー（Transgender）の4つの頭文字をとった総称である。最近ではLGBTQとQuestioning，QueerとQも含めて表記されるようになり，4つ以外もある，という考え方が広まっている。2018年の電通ダイバーシティ・ラボによる全国20 〜 59歳の個人6万名を対象に実施した調査によれば，LGBT層に該当する人は国内人口の8.9％（2012年5.2％，2015年7.6％），LGBTという言葉の浸透率は68.5％という結果を報告している。

　つまり，セクシャルマイノリティであるLGBTQは，約11人に1人の割合で存在している。LGBTQの子どもは，差別やいじめ被害の経験割合が高いことが国内外の調査結果で明らかになっており，教師にとって看過できない，非常に身近な問題であると言える。また，性的マイノリティは重要な人権課題として認識する必要がある。2012年の自殺対策要綱には，「自殺念慮の割合等が高いことが指摘されている性的マイノリティについて，無理解や偏見等がその背景にある社会的要因の一つであると捉えて，教職員の理解を促進する」とあり，教職員の役割の重要性が強調されている。

　セクシュアリティは，「からだの性」「こころの性」「好きになる性」の3
つの要素で説明することができる。「からだの性」とは，生物学的性のこと
であり，性染色体，外性器，内性器の状態や性ステロイドホルモンのレベル
などから決定される。「こころの性」とは，ジェンダーアイデンティティの
ことであり，自分自身の性別をどう認識しているか，その核心の状態がどの
ようなものかに規定される。「好きになる性」とは，性的志向のことであり，
恋愛や性愛の対象となる性別のことを指す。

　文部科学省が2015（平成27）年に性同一性障害に係る児童生徒に対する
きめ細かな対応の実施等について，というまとめを出している。学校におけ
る支援体制については，「性同一性障害に係る児童生徒の支援は，最初に相
談（入学等に当たって児童生徒の保護者からなされた相談を含む）を受けた
者だけで抱え込むことなく，組織的に取り組むことが重要であり，学校内外
に「サポートチーム」を作り，「支援委員会」（校内）やケース会議（校外）
等を適時開催しながら対応を進めること」「教職員等の間における情報共有
に当たっては，児童生徒が自身の性同一性を可能な限り秘匿しておきたい場
合があること等に留意しつつ，一方で，学校として効果的な対応を進めるた

表7-8　性同一性障害に係る児童生徒に対する学校における支援の事例

項目	学校における支援の事例
服装	自認する性別の制服・衣服や，体操着の着用を認める。
髪型	標準より長い髪型を一定の範囲で認める（戸籍上男性）。
更衣室	保健室・多目的トイレ等の利用を認める。
トイレ	職員トイレ・多目的トイレの利用を認める。
呼称の工夫	校内文書（通知表を含む。）を児童生徒が希望する呼称で記す。 自認する性別として名簿上扱う。
授業	体育又は保健体育において別メニューを設定する。
水泳	上半身が隠れる水着の着用を認める（戸籍上男性）。 補習として別日に実施，又はレポート提出で代替する。
運動部の活動	自認する性別に係る活動への参加を認める。
修学旅行等	1人部屋の使用を認める。入浴時間をずらす。

（文部科学省「性同一性障害や性的指向・性自認に係る児童生徒に対するきめ細かな対応等の実施に
ついて」2015より引用）

めには，教職員等の間で情報共有しチームで対応することは欠かせないことから，当事者である児童生徒やその保護者に対し，情報を共有する意図を十分に説明・相談し理解を得つつ，対応を進めること」と記されている。その他にも，医療機関との連携について，学校生活の各場面での支援について，卒業証明書等についてなどの項目がある。表7-8に，学校における支援の事例の一部を掲載する。

　この約1年後に，やはり文部科学省が教職員向けのPDFを出している。セクシュアリティの多様性を認め，LGBTQに関する正しい知識を持つことは欠かせない。LGBTQの子どもに対するいじめの予防として，またLGBTQの子どもが自己肯定していけるような正しい知識や情報発信をしていくことが求められている。最適な対応は一人一人異なってくるため，子どもとの対話の中で考えていくことが大事である。

課題

・虐待が児童生徒に与える影響についてまとめなさい。
・学校生活で児童生徒にどのような変化が見られた時に虐待を疑うか，いくつか具体的な例を考えなさい。
・思春期の性行動の特徴をまとめなさい。
・性暴力にはどのような内容が含まれるかを述べなさい。
・性的マイノリティ（LGBTQ）の具体的な例について述べなさい。

〈引用文献〉
警察庁生活安全部少年育成課「平成30年中　少年育成活動の概況」2018
厚生労働省「平成30年度　児童相談所での児童虐待相談対応件数〈速報値〉」2019
総務省「2018年度　青少年インターネット・リテラシー指標等」2019
内閣府「平成29年度青少年のインターネット利用環境実態調査　調査結果（速報）」2018
内閣府政策統括官「第4回非行原因に関する総合的研究調査」2010
文部科学省「学校・教育委員会等向け　虐待対応の手引き」2019，http://www.mext.
　　go.jp/a_menu/shotou/seitoshidou/1416474.htm（2019.9.15最終アクセス）
文部科学省「性同一性障害や性的指向・性自認に係る，児童生徒に対するきめ細かな対応

等の実施について（教職員向け）」2015

杉山登志郎編著『講座　子ども虐待への新たなケア』学研プラス，2013

高橋征仁「コミュニケーション・メディアと性行動における青少年層の分極化」日本性教育協会編，「若者の性」白書――第6回青少年の性行動全国調査報告，小学館，49-80，2007

Kessler, R.C., Sonnega, E.J., Bromet, M., et al., Posttraumatic stress disorder comorbidity survey. *Arch Gen Psychiatry*, 52, 1048-1060, 1995

友田明美・藤澤玲子『虐待が脳を変える――脳科学者からのメッセージ』新曜社，2018

西澤哲『子ども虐待』講談社，2010

日本児童教育振興財団内 日本性教育協会「青少年の性行動 第8回調査報告」2018

林直樹『リストカット――自傷行為をのりこえる』講談社現代新書，2007

林雄亮「青少年の性行動の低年齢化・分極化と性に対する新たな態度」日本児童教育振興財団内 日本性教育協会編，「若者の性」白書――第7回青少年の性行動全国調査報告，小学館，25-41，2013

松本俊彦「自傷行為の理解と援助」第108回日本精神神経学会学術総会教育講演，2012

松本俊彦『自傷行為の理解と援助』日本評論社，2009

〈参考文献〉

警察庁「平成29年の刑法犯に関する統計資料」2018

厚生労働省「児童虐待の定義と現状」

文部科学省「児童虐待」http://www.mext.go.jp/a_menu/shotou/seitoshidou/1302913.htm（2019.9.15最終アクセス）

文部科学省「平成29年度児童生徒の問題行動等生徒指導上の諸問題に関する調査」2018

文部科学省「学校における性同一性障害に係る対応に関する状況調査について（平成25年調査）」2014

文部科学省「学校等における児童虐待防止に向けた取組の推進について（通知)」2006

神奈川県警察本部少年育成課少年非行研究会「サイバー空間の子どもたち――見えない世界の落とし穴」児童心理，2014年6月号，金子書房，41-45

児童虐待防止全国ネットワーク「子ども虐待防止オレンジリボン運動」http://www.orangeribbon.jp/（2019.9.15最終アクセス）

電通ダイバーシティ・ラボ「LGBT調査2018」2018

日本学校保健会「保健室利用状況に関する調査報告書」2013

法務総合研究所『犯罪白書――少年・若年犯罪者の実態と再犯防止（平成26年版)』日経印刷，2011

薬師実芳・笹原千奈未・古堂達也・小川奈津己『LGBTってなんだろう？――からだの性・こころの性・好きになる性』合同出版，2014

「特集2 子どものネット依存とLINEの世界」教育，No.815，教育科学研究会，2013

第8章

障害のある児童生徒および
その保護者の理解と対応

障害のある児童生徒に最適な教育を保障するために，我が国では「特別支援教育」の体制がとられている。障害の有無を問わずすべての児童生徒が同じ場で学ぶインクルーシブ教育は，個々の特性に応じた合理的配慮のもとで行われなければならない。一方，障害の特性に特化した教育も必要である。各種学校の通常のクラスでは，発達障害のある児童生徒への理解と対応が重要である。本人への対応だけでなく，親への支援もあわせて行う必要がある。

キーワード

身体障害，精神障害，知的障害，発達障害，合理的配慮

第1節　障害の基礎知識

1．障害の階層的理解

　日本語の「障害」という言葉は，多義的である。医療や福祉の領域では，「個人的な原因や，社会的な環境により，心や身体上の機能が十分に働かず，活動に制限があること」（「デジタル大辞泉」より引用）という意味で用いられる。

　世界保健機構（WHO）が1980年に発表した「国際障害分類」（International Classification of Impairments, Disabilities and Handicaps ; ICIDH）では，障害を3つのレベルに分けた（図8-1）。すなわち，生物学的レベルでとらえた「機能・形態障害（impairment）」，個人の能力のレベルでとらえた「能力障害（disability）」，そして社会的レベルでとらえた「社会的不利（handicap）」である。

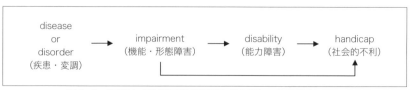

図8-1　ICIDH：WHO国際障害分類（1980）の障害構造モデル

　たとえば，交通事故で脊髄損傷のために歩けなくなった人で考えてみると，脊髄損傷という疾患（disease）のために歩行を司る神経線維が遮断されるという機能・形態障害（impairment）が生じ，その結果として歩行できないという能力障害（disability）となる。このため，社会生活において多くの場面に参加することが困難になるという社会的不利（handicap）を被るのである。

　このモデルは，障害の理解と支援に指針を与えるものであった。古典的な医学の視点では，疾患の重症度（生物学的な治りやすさ）のみが注目され，支援も医学的な治療や機能訓練が中心となりがちである。しかし，当事者にとって重要なのは疾患の存在よりもむしろ，罹患したことによって社会参加

にどの程度の支障をきたすかであり，支援は社会参加の視点から行われることが重要である。脊髄損傷の例に戻れば，機能・形態障害を改善させる（遮断された神経線維を修復する）こと，能力障害を改善させる（歩行訓練をする）こと，社会的不利を改善させる（車椅子などによる移動支援や環境のバリアフリー化，ユニバーサルデザイン化を図る）ことを総合的に検討し，その人に最も適した社会参加の方法を考えることが重要となる。ICIDHのモデルは，このような「障害の階層性」を示したという点で，きわめて画期的であった。

一方，このモデルへの批判としては，ICIDHの障害構造モデルが支援者側の視点からのもので当事者側の視点があまり反映されていないこと，障害のマイナス面が強調され過ぎており，支援を前向きにとらえる視点が弱いことなどがあげられた。そのような批判を受けてWHOが2001年に発表したのが，「ICF：国際生活機能分類」（International Classification of Functioning, Disability and Health: ICF）である（図8-2）。障害を3つのレベルで把握しようとする点はICIDHと変わらないが，当事者側の視点から積極的に社会参加を推進するポジティブな側面を重視した用語が用いられた。すなわち，機能障害でなく「心身機能・構造（body functions & structure)」，能力障害でなく「活動（activity)」，社会的不利でなく「参加（participation)」となり，これらが障害された状態はそれぞれ「機能・構造

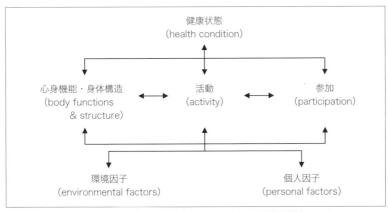

図8-2　ICF：国際生活機能分類（2001）の生活機能構造モデル

障害」「活動制限」「参加制約」となる。また，ICIDHでは障害が本人の問題ととらえられていたのに対して，ICFでは環境因子と個人因子を「背景因子」として取り上げ，新たに詳しい「環境因子」分類が加えられた。

その結果，ICFは障害のみの分類ではなくなり，生活機能と障害の分類となった。つまり，あらゆる人を対象として，生活のすべてをプラスの面，マイナスの面の両方から分類し，記載するものとなった。

2．障害の分類

障害は，身体機能の障害と精神機能の障害に大別できる。我が国の法制度では，前者は「身体障害」，後者は「精神障害」と「知的障害」に分けて扱われており，3種類の障害に対応した法制度で構成されている。

身体障害は視覚障害や聴覚障害などの感覚器系の機能障害に関連するもの，脳性麻痺や頭部外傷の後遺症などに伴う運動能力の障害に関連するもの，内臓の機能異常などによる内部障害などがある。

精神障害は，医学的にはなんらかの脳機能の異常を基盤として精神機能の異常が生じるものの総称である。我が国では，福祉や特別支援教育などの法制度の整備の過程で，この中の知的障害だけが分離して取り扱われてきた経緯がある。近年では，知的障害と同様に乳幼児期からなんらかの機能異常がみられるが知的障害とは異なる概念である「発達障害」がクローズアップされている。これらも精神障害に含まれる。

第2節　特別支援教育とインクルーシブ教育

1．最適な教育を受ける権利の保障としての個別支援教育

障害のある児童生徒が学校で教育を受ける際には，一人ひとりの児童生徒が最適な教育を受ける権利をどうすれば保障できるかという視点が必要である。

我が国の学校教育では「学習指導要領」という標準化されたカリキュラムが用意されており，各学習課題についてその内容と教える時期が決められている。授業を開始する前に子どもの学力を評価することは，原則としてい

ない。教師は定められたカリキュラムを一斉指導によって進めるだけである。評価は，指導後にはじめて学力テストというかたちで行われる。ここでの評価結果は子どもの努力の結果とみなされ，テストの成績が悪くても「できなかったところはしっかり復習しなさい」と子どもの奮起を促すだけである。個々の子どもの学力の特徴によってカリキュラム側をアレンジすることは，通常はない。

　一方，障害のある子どもに対して，我が国では2007（平成19）年より「特別支援教育」という体制を導入している。その最大の特徴は，個別の教育ニーズを把握し，一人ひとりの子どもに固有の支援計画を事前に立てることを主旨としていることである。医療など他の領域では，個別のニーズに対応するのがむしろ基本であるが，我が国の学校教育制度において，それは価値観のコペルニクス的転換といってもよいほどの方針の転換であった。ただし，通常の学校教育における価値観に変更を加えないままで特別支援教育が導入された結果，教師たちは，「決められたカリキュラムを一斉指導で教える」という価値観と，「個別ニーズに応じて個別指導計画を立て，カリキュラムを改変する」という特別支援教育の価値観という両価構造のはざまに立たせられることになった。特別支援教育を担う現場の教師の中には，このような両価構造を克服し，子どもの個別のニーズに沿ってカリキュラムを巧みにアレンジしながら授業を進めている人たちが数多く存在することも事実である。しかし，特別支援教育を担う教師の中には，必ずしも特別支援教育を専攻しておらず職場のローテーションで配置されたという場合も少なくない。そのような教師に対して，特別支援教育の理念を十分に理解して実践できるよう支援する体制が必要となる。

　文部科学省が2012（平成24）年に行った全国調査では，小中学校の通常学級に在籍する児童生徒のうち，なんらかの障害が疑われ特別な配慮を要する者の割合は6.5％であった。特別支援学級や特別支援教育に所属している児童生徒を加えると，子どもたちの約1割が特別支援教育の対象であるという計算になる。今や，障害のある子どもは決して稀で例外的とはいえず，特別支援教育はすべての教師にとって必須の業務となっている。

2．インクルーシブ教育と合理的配慮

　かつての「特殊教育」から「特別支援教育」へと体制が移行したもうひとつの主旨は，インクルーシブ教育の実践である。

　人種，性別，障害の有無など，あらゆる個人差を超えて，すべての人たちが同じ社会で生活する環境づくりを目指すことを，「インクルージョン」という。教育では，障害のある子どもも同じ教室でみんなと一緒に授業に参加することを「インクルーシブ教育」という。特殊教育が障害のある子どもを分離して教育することを主としていたのに対し，特別支援教育では，障害のある子どもも可能な限り通常の教室で他の子どもと共に学ぶことを保障することが求められている。しかし，これは「平等な参加なのだから，みんな一緒に同じことをしなければいけない」と誤解されやすい。特に，日本人は，みんなで同じことをすることを美徳と考えがちであるため，教師も保護者もこのような誤解をしていることが多い。これは，インクルージョンとは異なるものである。

　インクルーシブ教育を確実に実践するための鍵は，障害の有無を問わずすべての子どもが同じ場にいながら個々の特性に応じて最適な配慮を受けることである。これを「合理的配慮」と呼ぶ。2006 年 12 月に国連で採択された「障害者の権利に関する条約」の第2条において「合理的配慮」は，「障害者が他の者との平等を基礎として全ての人権及び基本的自由を享有し，又は行使することを確保するための必要かつ適当な変更及び調整であって，特定の場合において必要とされるものであり，かつ，均衡を失した又は過度の負担を課さないもの」と定義されている。我が国では2016年の「障害を理由とする差別の解消の推進に関する法律」（いわゆる「障害者差別解消法」）の施行に伴い，合理的配慮の提供が公的機関・事業所（国公立学校を含む）に義務づけられ，民間事業所（私立学校を含む）には努力義務が課せられた。

　たとえば，歩行の障害があるために車椅子が必要だが，机上学習は標準的な進度で行える子どもがいることを想定してみよう。その子どもにとって，他の子どもと同じ教室で学べるかどうかを左右する最大の要因は，学校の物理的構造である。既存の校舎に段差があるために車椅子での移動が難しければ，段差を解消し，エレベータなどを設置するなどの対策をとる。このように，

もともと存在していた障壁（バリア）を取り除くことを「バリアフリー」という。一方，近年の新設校や校舎の改築では，設計の段階から段差がなく車椅子の子どもがいても対応できるような設計がなされている。このようにはじめから障害の有無を問わず参加しやすい環境を用意することを「ユニバーサルデザイン」という。

「合理的配慮」の例をもうひとつあげよう。言語理解，数学，理科，社会などの学習能力には支障がないにもかかわらず，文字を読む能力だけが特異的に障害されているタイプの限局性学習症（SLD）がある子どもがいるとすると，教科書や試験の問題文を誰かに音読してもらい，それを聞いて理解し，問題を解くことが可能である。車椅子の子どもにとっての段差にあたるのが，この子どもの場合は文字である。そこで，教材を自分で読むのではなく他の人に音読してもらうことによって，学習の機会を保障するのである。

3．障害への個別の対応

インクルーシブ教育を実践するためには，あらゆるタイプの障害を想定したユニバーサルデザインの環境整備と個々の子どもへの合理的配慮を行うことがまず基本となるが，それだけでは不十分である。たとえば歩行障害の子どもでは，算数や国語はみんなと同じ授業を受けることが可能であっても体育はみんなと同じ授業を受けることが難しい。その場合，他の子どもが短距離走を行う傍らで，車椅子で可能な運動プログラムを用意する必要がある。知的障害の子どもでは，運動能力に問題がなければ，体育はみんなと一緒に受けるが，国語や算数をみんなと一緒に受けさせるのは，車椅子の子どもに「体育の時間はみんなと一緒に走れ」と言っているのと同じことになる。ところが，車椅子の場合には「体育も同じ授業を受けさせろ」という人はいないのに，なぜか知的障害の場合には「国語や算数も同じ授業を受けさせろ」と主張する人たちが時にみられる。これは，子どもの学ぶ権利と心の健康を守る権利の両面からみて，人権侵害であり，心理的虐待といえる。

インクルージョンの理念を説いた『サラマンカ宣言』の中には，「インクルーシブな学校は子どもの多様なニーズを認識し，それぞれに異なる学習スタイルや速度に合わせ，教育課程の適切な編成などを通してすべての子どもに質

の高い教育を保障する」という趣旨のことが書かれている。つまり，みんなが一緒に参加するためにこそ，一人ひとりの個人に対する特別な配慮が必要だということである。インクルーシブ教育でいうと，みんなと同じ教室で勉強する権利を保障するのは重要，でもそのためには，一斉授業ではなく，同じ場所に参加するための，その子向けのカリキュラムを個別につくる必要がある。体育の時間，車椅子の子どもは，みんなと同じ場にいながらも個別の運動メニューが用意される。国語や算数の時間，知的障害の子どもは，みんなと同じ場にいながらも個別の学習課題が用意される。これが，インクルーシブ教育である。

　障害のある子どもに対する学校教育の配慮の仕方には，3通りある（本田，2013）。1つめは，障害の存在に対して何の配慮もせず，通常のカリキュラムを進めるというやり方である。これを「無配慮」と呼ぶことにする。障害による問題の所在とカリキュラムの内容との関連がほとんどない領域では，このやり方で問題ない。心機能障害の子どもに対する数学の教育などがこれにあたる。2つめは，障害へのケアを優先して通常よりも課題の負荷（難度，強度，量など）を下げて教育を行うというスタンスである。これを「低負荷型配慮」と呼ぶことにする。通常の授業を提供することが障害に対して悪い影響を及ぼす場合にこのやり方がとられる。心機能障害で運動制限を要する子どもに対する体育の授業のような場合がこれにあたる。知的障害の子どもに対する学習面の配慮も，基本的には低負荷型配慮といえる。3つめは，障害に対する治療的行為そのものを学校教育のカリキュラムに組み込んでしまうというやり方である。これを「特異的治療型配慮」と呼ぶことにする。通常の学校教育のカリキュラムにはないその障害特有の治療の行為でも，障害克服のために益することであれば特別支援教育の教科として取り込んでしまうという考え方である。視覚障害の子どもに点字を教える場合や，聴覚障害の子どもに手話を教える場合などがこれにあたる。

　知的に遅れのない発達障害の子どもたちは，通常学級に所属し，大多数の定型発達の子どもたちと一緒に授業を受け，休み時間や課外活動を共にする。その中で無配慮のままでいると，彼らはさまざまな困難を感じ，学年が上がるにつれて孤立感をもったり，いじめを受けたりするようになり，やがては

不登校やひきこもりへと発展していくことも少なくない。インクルージョンとは，障害の有無を問わず同じ社会環境の中で生活し，教育を受けるべきであるという理念であるが，同じ集団に属しさえすればなんとかなると考えることは，発達障害の子どもたちに対しては無配慮の弊害に陥る危険を伴う。発達障害の子どもたちが通常学級の中で十分に理解と興味をもって取り組むためには，特別な配慮が不可欠である。そのためには，彼らには特別な配慮が必要であり，それが当然の基本的人権であるという理念を本人，保護者，教師，さらにはクラスメートとその保護者たちがしっかりと認識できるような風土を学校全体として保障する必要がある。

　通常の教室でインクルーシブに授業を行う場合，「無配慮」と「低負荷型配慮」が主たる配慮のタイプとなる。一方，障害に特化した「特異的治療型配慮」を本格的に行うには，通常の教室のみでは行いにくいことがある。したがって，必要に応じて特別支援学級や通級指導教室などを利用する。近年のインクルージョン思想では，通常の教室から完全に分離される特別支援学校に批判的な意見もあるが，知的に重度の遅れのある子どもや自閉症の特性が強い子どもなど，人数の多い空間自体が苦手でインクルーシブな支援がきわめて困難な子どもが一部存在するため，一定の割合で特別支援学校の設置も不可欠である。

第3節　障害のある子どもの評価と支援

1．評価

　まず，個々の児童生徒について得意なスキル，平均的なスキル，苦手なスキルを特定することが，支援の第一歩である。身体機能，粗大運動，微細運動，言語，構音，知覚機能，認知機能，神経学的評価などを系統的に評価し，それぞれの間に乖離があるかどうかの評価を行う。単に標準化された検査を行うだけではなく，その人の現在の生活，および将来の生活をイメージしながら総合的に評価を進めていく必要がある。

　運動機能は，実際に粗大運動や微細運動を子どもに行わせて評価する。発達の評価で比較的よく用いられる心理検査としては，田中ビネーやWISC-

IVなどの知能検査，K-ABCII，DN-CAS，Vineland-II適応行動尺度などがある。

2．支援

　支援は，スキル獲得の促進，本人への心理・社会的支援，親への心理教育を3つの柱として，多領域チーム・アプローチによって進めていく。

（1）スキル獲得の促進

　評価によって苦手な領域が特定されたら，そのスキル獲得についてどのような方針をとるのかを検討する。苦手なスキル獲得の練習を行う場合，できる限りスモール・ステップで，本人と親が焦らずに取り組めるよう配慮する。少しの努力で達成できる短期目標をこまめに設定し，目標達成時に達成感が得られることと次のステップへ進む意欲が保持できるよう配慮する。

　苦手な領域は，ほとんどの場合，成人期まで一貫して持続する。したがって，集中的な訓練を過度に行うことは，かえって本人の苦手意識を増大させ，生活全般に関する意欲と自信の低下の要因となってしまう可能性が高まる。苦手な領域に対しては，むしろ本人の得意なスキルやそれほど苦手としないスキルを活用して苦手さを補完するやり方を身につける，という支援方略のほうが実用的である。たとえば，文字を読むことはできるが書くことがきわめて苦手なSLDの子どもでは，書き取りの訓練を繰り返すとかえって苦手意識が強くなるだけで，書字の習得が難しい。この場合，パソコンやタブレットによる文字の変換機能を活用することによって書字への負担感なく文字による学習が可能となる。成人期までの支援のプロセスにおいて，いずれは自分でそのような工夫を行えるようにしていくことが重要である。

（2）本人への心理・社会的支援

　障害のある子どもは，同世代の子ども同士の体験の共有の輪に入れず，徐々に孤立感，疎外感を増幅させてしまうことが多い。このため，さまざまな社会場面で自信がもてず，全般的な社会参加への意欲の低下を招いてしまう。このような状況に陥ることを回避するためには，本人のできていることを認

め，褒めるという接し方を日頃から心がけておく。

　褒め方の留意点であるが，本人の得意な領域を積極的に褒めるということを日常的に行っておくことが重要である。苦手な領域でスモール・ステップを設定し，頑張って達成したときに褒めるというのも大事ではあるが，それだけでは不十分である。苦手な領域は猛特訓を積んでも得意にまでなることはきわめて稀であるので，せっかく褒めてもらっても本人の本当の自信にはつながりにくい。それどころか，どれだけ頑張ってもなかなか結果が伴わないことに気づいて，かえって不全感を高め，意欲を失ってしまう恐れすらある。むしろ，比較的得意な領域にきちんと着目し，そこを適切に褒めることによってこそ，真の意味での自己肯定感が育つ。そのことが基盤にあれば，苦手なことを訓練したときの達成感も自信につながる。

（3）保護者への心理的支援

　保護者への心理的支援なくして障害のある子どもたちへの支援はあり得ない。子どもの人格形成に最も大きな影響を及ぼすのは保護者である。その保護者が自分の子どものことをどのように感じているのかは，子どもの自尊感情の形成を大きく左右する。子どもに対して保護者は，集中的な訓練によって苦手なところを克服させて，バランス良く育てたいと考えるものである。しかし，そのような考えが過剰となり，焦りを生むことによって保護者の視野が狭くなり，子どもの苦手克服を生活の中で最優先してしまうと，子どもは自信をもてない。保護者が過剰な期待をかけたり負担の強すぎる課題を設定したりすることを防ぐためには，保護者が子どもの特徴についてだけでなく，将来の見通しや目標の立て方についても知っておく必要がある。同時に，これらの知識を身につけるプロセスで必ず生じる保護者の心理的葛藤に対するカウンセリングを行うことがきわめて重要である。

（4）多領域チーム・アプローチ

　障害の支援では，多領域チーム・アプローチが必須である。校内においても校長，教頭，特別支援教育コーディネーター，養護教諭，スクールカウンセラー，スクールソーシャルワーカーなどがチームを組む必要があるし，学

校教育の枠組みの外側でも医師，理学療法士，作業療法士，臨床心理士，言語聴覚士，ソーシャルワーカーなどの職種がかかわることになる。

第4節　発達障害のある子どもの理解と対応

　小中学校の通常のクラスにおいては，知的な遅れが軽度上位（IQが概ね60〜69程度）から境界知能（IQが概ね70〜84程度）の児童生徒および知的障害のない発達障害（自閉スペクトラム症（ASD）および注意欠如・多動症（ADHD），SLDなど）のある児童生徒に対する知識と支援技術が必要となることが多い。

　発達障害とは，乳幼児期から出現する精神機能の異常で，その原因が生来性と推定され，その異常によって人生のさまざまな時期，生活のさまざまな場面で社会適応上なんらかの支障をきたすために医療・教育・福祉などによる配慮を要するものの総称である。

1．知的能力障害

　成人期に達するよりも前（18歳以前）から社会適応の問題があり，その要因として知的水準が低いことが挙げられる場合に，知的能力障害と診断される。標準化された知能検査で概ね平均よりも2標準偏差以上低い場合，すなわちIQが概ね70未満が知的能力障害の目安とされる。理論値では，人口の約2.5％が該当すると考えられる。社会生活上の困難さの程度によって軽度，中等度，重度，最重度に分類される。ICD-10では重症度の目安をIQで示している（軽度：50〜69，中等度：35〜49，重度：20〜34，最重度：20未満）。また，知能検査で概ね平均よりも1標準偏差以上2標準偏差未満低い場合（IQ70〜84）を境界知能という。しかし，IQの数値が必ずしも社会生活上の困難さの程度と比例しない場合もあることから，DSM-5（2013）ではIQの目安を示さず，あくまで社会生活上の困難さの程度によって重症度を判断することとしている。

　知的水準だけでみると軽度の遅れであっても，生育環境によっては本人が深刻な悩みをもつために問題が深刻化することがある。遅れが軽度だと，親

や教師はしばしば「やればできるのに怠けている」「もう少し頑張ればみんなに追いつく」と解釈しがちであり，生来の知的発達の遅れが存在することに気づきにくい。このように周囲の理解が得られにくい環境では，子どもたちは慢性的に過剰な負荷をかけられ続けることになる。家庭においても学校においても，他の子どもたちより遅れをとりながら参加し続ける場面が圧倒的に多くなるため，自己評価が低いかたちで固定しがちである。知的な遅れだけでは障害とはみなされない境界知能の子どもも，小学校高学年以降は通常の学習指導要領のカリキュラムではついていけなくなり，学業成績は学年の中でも下位となり，自信を失っていることが多い。このような状況が慢性的に続くことで，思春期前後に二次的な情緒や行動の問題（無気力，いじめ被害，不登校，ひきこもりなど）を生じる要因になり得る。

2．自閉スペクトラム症（ASD）

　自閉症を典型とし，対人交流・コミュニケーションの質的異常および限局しパターン的な興味と行動のために，社会適応上の問題を呈する。かつては，「広汎性発達障害」の大項目の下に，言葉の発達の遅れを伴う「自閉症」，知的な遅れが目立たず流暢な発語が可能な「アスペルガー症候群」などの下位分類が設定されていたが，DSM-5では下位分類のない単一のASDという概念となっている。

　かつて自閉症は，相互的な対人関係が完全に欠如し，同一性保持に対する執着がきわめて強いという特徴で狭くとらえられ，多くは知的障害を伴うと考えられていた。しかし，近年では自閉症の概念が拡大し，知的障害を伴わないケースのほうが圧倒的に多いことがわかってきた。対人交流・コミュニケーションでは，たとえ流暢な発語が可能な場合でも会話の内容がかみ合いにくく，双方向性にならない。興味の偏りが著しく，いったん興味をもつとそのことに没頭する半面，興味のないことはやろうとせず，強要されると苦痛を覚える。独自の決めごとに執着し，想定外の事柄にたいして強くショックを受けるなどの感情反応を生じやすいのも特徴である。曖昧で先の見通しの立たない状況に置かれると不安が高まるため，聴覚的情報よりも情報の明瞭な視覚的情報への親和性が高い場合が多い。さらに，粗大運動あるいは微

155

細運動が苦手なケースや，感覚系の異常（過敏あるいは鈍感）がみられることがしばしばある。

これらの特徴は乳幼児期よりみられ，思春期頃までにある程度改善することが多いものの，一生を通じてなんらかのかたちで持続する。成人期では，知的障害のない場合でも職業生活や家庭生活の中での対人関係で本人あるいは周囲が悩むことが多い。相手の言葉の裏にある意図を掴むこと（マインドリーディング）が苦手であるため，的外れな応答をしてしまい，職場などで「協調性がない」「常識がない」「融通が利かない」などの評価を受けることがある。

3．注意欠如・多動症（ADHD）

多動，衝動性の高さ，不注意を特徴とし，これらの特徴が小学校入学頃までに生活の複数の場面で明らかとなる。多動，衝動性の高さが目立つタイプでは，幼児期から集団場面での逸脱が目立ち，親のしつけ不足などと誤解されることもある。一方，不注意（うっかりミスや忘れ物が多いなど）の優勢なタイプは，周囲から過剰に叱責されることが多く，自信を失うことがしばしばある。

かつては，広汎性発達障害の特徴がわずかにでも存在する場合には，そちらの診断を優先し，ADHDは診断しないことになっていた。DSM-5では自閉スペクトラム症とADHDとの併存診断が可能となった。実際，多動，衝動性，不注意症状が問題となり支援対象となるケースの大半は，対人関係やコミュニケーションの特性も併せもっているので，DSM-5の対応は妥当と思われる。

ADHDの特徴は成人期になっても持続することが多いことが，近年指摘されている。多動は表面的には落ち着くため，従来は成人のADHDは気づかれにくかったが，思考や感情における衝動性の高さや不注意症状は持続することが多い。人の話を最後まで聞かない，何事も途中でやめてしまう，ひとつのことに集中せず気が散りやすい，うっかりミスや忘れ物が多い，などの特徴があっても，「不真面目」「やる気がない」「ふざけている」などと否定的な評価を受けやすくなる。

4．限局性学習症（SLD）

　読むこと，書くこと，算数のいずれか，あるいはこれらの複数にわたって学力の獲得がうまくいかず，それらが他の知的能力の水準に比して有意に低い状態を指す。学力の低さは，経験不足や意欲の低さでは説明できず，なんらかの神経心理学的異常が想定される場合にこの診断がなされる。

5．コミュニケーション症

　会話や言葉を話す能力になんらかの遅れや異常がみられ，それが他の知的能力の水準に比して有意に目立つ状態を指す。発話音声の産出に持続的な困難さがあるために会話に支障をきたす状態を「発話音声障害」という。言語以外の認知能力に比して言語（話し言葉，書き言葉，サイン言語など）の獲得と使用が困難な状態を，DSM-5では「言語障害」と一括している。表出能力と理解能力とが並行して障害されている場合もあれば，理解能力には異常がみられず表出能力のみ異常がみられるというかたちで両者の間で乖離がみられる場合もある。

　DSM-5の「コミュニケーション症」には以下の２つも含まれる。ひとつは，年齢や言語能力からみて不適切な程度の持続的な発話の正常な流暢さあるいはタイミングのパターンの障害である「児童期発症の流暢性障害（吃音）」で，音声およびシラブルの繰り返し（連発），母音および子音を伸ばした音声（伸発），単語の中断，発話の中断，代用（発音しにくい単語を避け，他の単語を用いること），過剰に力んだ発音，単語全体を１音のように繰り返すこと（たとえば"I-I-I see him"）が含められている。もうひとつは，DSM-5ではじめて採用された「社会的（語用論的）コミュニケーション症」で，言語的および非言語的コミュニケーションの社会的使用が持続的に困難であることが特徴である。限局しパターン的な興味と行動がみられない点で自閉スペクトラム症と区別するとされている。

6．発達性協調運動症（DCD）

　運動機能が他の発達領域に比べて特異的に障害されており，それが脳性麻痺など明らかな神経学的異常や全般的な発達の遅れによる二次的なものとは

いえないものを指す。歩く，走る，姿勢を変えるなどの粗大運動と，スプーンですくって食べる，ボタンをはめる，鉛筆で字を書くなどの微細運動が，全体的にうまく発達しない場合もあれば，一部のみ障害され，他は問題ない場合もある。いずれにせよ，こうした協調運動がうまく行えないために日常生活や学業に著しく支障をきたす状態である。

7．チック症

突発的に身体の一部を素早く動かしたり，声を出したりすることをチックという。前者を運動チック，後者を音声チックという。1年以上持続しないものを暫定的チック症，1年以上続くものを持続性（慢性）運動または音声チック症という。チックのうち，重症で多発性の運動チックと音声チックを伴うものをトゥレット症という。

8．元来の発達障害の特徴以外の症状の併存

発達障害は生来性であるが，成長していく過程で環境とのさまざまな相互作用によってその症状が修飾を受ける。発達障害の存在に親が気づかず，あるいは認めようとせずに，本人の特性と相性の悪い育て方を続けると，社会集団に安定して所属することが困難で孤立がちとなる場合が多くなる。対人関係を回避する傾向にある場合が多いが，時に高い攻撃性を秘めることがあり，稀ながら反社会的行動が出現することもある。こうした社会不適応の根底には，他者と安定した信頼関係を結ぶ経験を積めなかったことを要因とする低いセルフ・エスティーム（自己評価）の存在がうかがわれる。

第5節　発達障害のある子どもへの接し方

1．まずは精神保健的アプローチを

小学生の時期は，児童が不本意な失敗をしないように保護者や教師がお膳立てすることが重要である。「失敗から学ぶものは多い」との考え方は，発達障害においては小学生の時期には極力避けなければならない。発達障害の人たちは，通常の人であれば些細なこととして忘れてしまうような出来事で

も詳細に記憶してしまい，それが積み重なると将来フラッシュバックを起こしやすくなる。

　日常の支援において，発達障害の症状の軽減を当面の目標とすることが多少はあってもよいが，その延長上に将来の症状消失を想定することは厳に慎まなければならない。特に，症状が軽度の子どもでは，ちょっと頑張らせれば症状が軽くなるようにみえるため，保護者や支援者が安易に症状消失を目標とする可能性があり，それが後の心理的変調出現の危険因子となり得る。小学校の時期にまず強調しておく必要があるのは，精神保健的アプローチの重要性である。いわゆる定型発達の里程標にとらわれることなく，個々の子どもが安心して生活できる環境をまず保障してから，その安心を保ちつつ無理なくできる範囲で教育的アプローチを導入するのが基本である。

２．安心できる環境の保障

　どのような環境が児童生徒にとって安心できるかということ自体にも，発達障害の特性が色濃く反映される。たとえばASDの場合，人（乳幼児期はなかでも親）を他のもの（生物・非生物を問わず）と別格に位置づけて特別な感情を抱くという定型発達の人たちにとっては当然のことが，必ずしも当然ではない。またASDの人たちは，聴覚的な情報よりも視覚的な情報に強く注意が偏向することが多い。さらに，人（特に親）との特別な情緒的な結びつきを基盤として互いに共通の感性を感じ合うことで「絆」を深めるといった流儀は，興味がもてないだけでなく，それを押しつけられることによって苦痛を感じることすらある。聴覚情報に興味がもてない子どもによかれと思って熱心に声かけし過ぎると，子どもはむしろ教師を避けるようになる。あるいは，「言わなくてもピンとくる」ことによって互いの絆を感じ合うようなことを求められる社会集団では，マインドリーディングの苦手な子どもたちは完全に取り残されてしまう。本人にとってわかりやすいシンプルな言葉だけが聞こえてくるような環境の中で，暗黙の了解を求められず，必要な視覚的情報が十分に提供されることによって，理解，見通し，そして安心が得られるのが，ASDの人たち特有の心性である。

3. 「構造化」による自律スキルとソーシャル・スキルの学習

　十分に安心できる環境に置かれると，発達障害の児童生徒たちの学習意欲が飛躍的に向上する。このような学習を促す有効な手法が，いわゆる「構造化」である。構造化とは，その日のスケジュール，その時間にやるべきことの手順，席の配置などの情報を，本人がよく理解して見通しがもてるよう，わかりやすく伝えることである。通常は，口頭による情報伝達は最小限とし，絵や文字などの視覚情報を多用して伝えていく。逆に視覚情報処理が苦手な学習症の児童生徒に対しては，他児童生徒に書面で示している情報を音読するなどして伝える必要がある。

　構造化は，対人関係の基盤もなす。ここで鍵となるのが，自律スキルとソーシャル・スキルである。自律スキルとは，自分にできること，できないこと，好きなこと，嫌なことを自分で判断できることであり，子どもたちに身につけてもらいたいソーシャル・スキルとは，できないことや嫌なことを他者に相談して手伝ってもらう力である。これらを確実に教えていくためには，他者と合意しながら物事を行っていく習慣を身につけることが肝要である。「合意」とは，誰かの提案に他者が同意することである。提案するためには自律的判断が必要であり，他者の提案に対して同意することは，その提案が自分にとって納得できるものであるかどうかの判断と，他者と自分の意見の照合が要求される。「今，このタイミングでこの内容を提示したら，子どもがやる気になるだろう」と予測できるものを中心に据えて構造化の手法を用いながら情報提示する。もし子どもが強く拒否したら，それ以上は無理強いしない。子どもの側からみると，「この人の提示する情報は，やる気になれることが多い」ということは案外よく覚えている。そこに，独特の信頼関係が徐々に形成される。早期から自分にとって有意義な活動を提案してくれる支援者がたくさんいる状況で育つと，人に対する信頼関係が形成されやすくなる。

　自律スキルについては，年齢が上がると共に，自分で物事を構造化することを少しずつ練習していく。個々の理解力やコミュニケーションの力に応じて，自分のやることの計画を立て，予定表をつくるなどの視覚化を練習していく。ソーシャル・スキルでは，いわゆる「ホウレンソウ（報告・連絡・相談）」を少しずつ教えていく。「一人でできる」ことだけが目標ではなく，「人

に報告ができる」,何かあったときに「人に相談ができる」ということが大事である。「何かを人と一緒にやって,よい結果に終わった」という体験を思春期までに十分に積み重ねていると,そのような習慣が身につきやすい。

4.適材適所で活用するための「究極の選択」

どんな人でも,「○○であるが,△△である」と表現できるような特性がある。「明るいが,真剣みに欠ける」「仕事は正確だが,遅い」などである。発達障害の人たちは,この特性の程度が強すぎる,あるいはパターンが珍しいなどの意味で少数派である。誰であれ,苦手な特徴が目立たずに済み,得意なところが活かされるような役割を担当すると,力を発揮できる。いわゆる「適材適所」である。しかし,発達障害の人たちの場合,周囲の人たちが「適材適所」よりもその人の苦手なことを克服させたいという意識を強くもってしまうことが多い。実際にはその逆であり,2つの対立的な概念のどちらか一方しか選べないとしたらどちらをとるか,という「究極の選択」の発想をもつ習慣があると,理解しやすくなる。たとえば,ルールはきちんと守るが全く融通が利かない人に対しては,つい「たまにはルールを破ることがあってもいい」と思ってしまいがちである。一方,いつも融通が利くものの,ルールは破ってばかりという人に対しては,「ちゃんとルールを守ってもらわないと困る」と思ってしまう。そうではなくて,ルールを守るのが得意な人ならばどのような職業や生活スタイルが適しているか,融通を利かせるのが得意な人ならどうか,と考えればよいのである。

5.ASDの特性への対応

ASDの特性のある児童生徒への対応の原則は,本人の認知様式に合わせた環境調整に尽きる。彼らにとって理解しやすいモダリティ,理解しやすい用語と言い回し,理解しやすい筋道で情報を伝えることが,最も重要である。そして,彼らが自分で熟考して判断することを保障する。興味がないことにはどうしても意欲がもてない場合,なるべく彼らが意欲をもてるようなテーマや題材を提供する。特定の感覚刺激に対する過敏さや鈍感さがある場合,その感覚入力が本人にとって苦痛とならないよう環境の調整をする。

（1）先に本人の言い分を聞く

ASDの人たちの行動には，必ず独自のパターンや法則がある。それを理解する必要がある。常識とは違うパターンや法則であっても，一貫していて，本人が大事に思っていることであれば，傾聴すべきである。

ASDの人たちが信用するのは，意見を聞いて理解しようとする人。信用しないのは，決めつけて人の話を聞かない人である。

（2）命令でなく提案する

意見が異なる場合には，本人が十分に自分の意見を述べた後に，こちらの意見を述べて構わない。ただし，こちらの意見を押しつけたり，説得にかかったりしてはならない。本人の意見とこちらの意見とを並べて対比させるところまでである。つまり，命令でなく提案である。そこから先，合意形成できるかどうかは，本人次第となる。

（3）言行一致を心がける

ASDの人たちは，論理的に筋が通っている人を信用する。言っていることとやっていることとが矛盾する人は，信用されない。そのため，なるべく例外をつくらないようにする。「今回だけ……」などと温情をかけることや，相手の好意に甘えようとする態度は，ASDの人たちの信用を低下させる。

（4）感情的にならない

安心できるなごやかな感情はよいのだが，それ以外の感情を示されると，ASDの人たちは混乱しやすくなる。大事なメッセージを伝えたいときは，絶対に感情的にならないよう気をつけたい。

（5）具体的なデータを視覚提示する

百聞は一見に如かず。ASDの人たちは，口頭で説明されただけでは心底は納得しない。また，メッセージを伝えるときにはなるべく曖昧にならないようにしたい。「後でね」ではなく，「10分後にまた来てください」のように，具体的なデータがあるほうが安心する。

（6）目に見えにくいものを言語で構造化する

　一般の人なら直感的にわかるようなことでも，言葉（できれば文字などの視覚的言語）で明示する必要がある。ASDの人たちは，自分の感情を分析するのが苦手である。悲しいときに，「何か悲しいことがあったの？」と聞かれてはじめて，「ああ，自分は今悲しいんだな」と気がつくことさえある。また，何かの活動に際して，あらかじめその場のルールを伝えておくと，その心構えをもって臨むことができる。

（7）こだわりはうまく利用する

　ASDの特性のひとつである何かに固執する傾向（こだわり）は，その有無が問題なのではなく，何にこだわっているかが問題である。日常活動や趣味の中にこだわりの対象が埋め込まれていれば，生活に支障がないどころか，場合によっては生活にプラスに作用することすらある。気になるこだわりがあっても危険でなければ，放っておけばそのうち飽きることがある。ただし，危険なこだわりは100％回避する必要がある。

6．ADHDの特性への対応

　ADHDの特性が目立つ子どもは，能力の領域間差が大きい。周囲の人たちは，その人の得意なことに期待値の照準を合わせる傾向にあり，苦手なことは「頑張ればなんとかなる」と過小評価しがちである。しかし，苦手なことを得意な領域並みの水準まで高めることは，至難の業であるため，いつまでたっても期待に応えられず，やがて「だらしない人」という目で見られてしまうのである。これでは，得意な領域を活かし切ることができない。前述の「究極の選択」を徹底することが必要となる。

（1）低値安定，たまに高パフォーマンス

　ADHDの人たちの得意な領域を最大限に活かすためのキーワードは，「低値安定，たまに高パフォーマンス」である。能力の凸凹に対しては，苦手なことを基準にして期待値を設定する。そうすると，予測よりは良い結果が得られることが増えるため，本人も達成感が得られるし，周囲の人もイライラ

せずに済む。ときどき何かの拍子に，予想をはるかに超えた高いパフォーマンスが得られることがある。ただし，それも偶発的であると予想しておくべきであり，その高いパフォーマンスが常に得られることは期待できないということを肝に銘じておく。

（2）日頃の地道な努力より土壇場での一発勝負

「継続は力なり」という言葉に象徴されるように，我が国には，毎日少しずつ持続して成果を積み上げることを美徳とする文化がある。コツコツと成果を積み上げ，かつ大きな結果を生み出すことができるのがベストであるが，その両方を達成することは案外難しい。一方，継続が苦手なADHDの人たちに，日々の積み重ねを要求することは，まず無理である。しかし，一部のADHDの人は，ごく限られた瞬間であれば集中力を発揮することができる。そして，日々の積み重ねの有無に関係なく，いざとなると驚くほどの成果を瞬時にあげてしまう人すらいる。いわゆる「火事場の馬鹿力」である。

このような本番に強い人の多くは，日頃からコツコツと積み重ねることを要求されると，かえっていざというときの集中力が発揮できないものである。コツコツと努力はしないけれど本番に強いことをとるか，コツコツと努力するけれども本番では力を発揮できないことをとるか。どちらかの二者択一になるとすると，ADHDの人にとっては，前者の道しかないのである。

ところが，日々の努力をしていないようにみえる人が，いざというときだけ力を発揮することを，多くの人は好意的に受け取らない。「ちゃっかりしている」「要領がよい」などと，逆に半ば妬みにも似た感情を伴う否定的な評価を受けることが多い。このため，「もっと日頃から頑張れ」という圧力をかけられ，徐々にいづらくなるのである。

ADHDの人は，ちゃっかりしているわけでも要領がよいわけでもなく，それしか生きていく道がないのである。彼らにコツコツと努力することを強いることによって，かえって自信を失わせてしまうのは，彼らの唯一の武器を奪い取ることに等しい。このようなタイプの人に対しては，あまり細かく中間地点で途中経過のチェックをせず，やや大きなスパンで達成目標が設定できるような課題を与え，締め切りギリギリで頑張ってもらうのがよい。

ただし，いざというときになって，独力で力を発揮できる人ばかりではない。その時点で誰かの助力が必要な人も多い。締め切り直前は修羅場になるので，一定の支援の準備をしておくことも重要である。また，本人たちにとって，力を発揮すべき本番が多いと力を蓄えられないため，力を発揮させる本番は，年に2〜3回を限度とするくらいに考えておくのがよい。

（3）姿勢より内容

「姿勢を正す」という言葉は，物事に真剣に取り組むことを比喩的に述べた言葉である。しかし，ADHDの人たちにとって，これは真実ではない。何かの事情で姿勢を正しているとき，ADHDの人たちの頭の中は「姿勢を正すこと」そのもので占められてしまう。通常の人であれば期待されるような「姿勢を正せば物事に真剣に取り組むはず」という前提が通用せず，姿勢を正すことに精力が向けられてしまう結果として，やるべきことへの集中力が低下してしまうのである。

したがって，彼らに本当の意味で学習してもらいたいとき，姿勢の良否を問題にしてはならない。課題に真剣に取り組んでいるかどうかは，姿勢で判断するのではなく，課題に取り組んでいるときの会話や進み具合などの別の要素から判断すべきである。

（4）「衝動性」の地雷を踏まない

ADHDの人たちは，何かがちょっと頭に浮かぶと，今やっていることを放り出してでもそれをやろうとする。自発的に思い浮かぶのは仕方ないが，周囲の人たちの発言がその契機となる場合もある。別の話題をこちらから振ると，それで注意が転導してしまう。このような事態は，ぜひとも防ぎたい。

何かをしているときには，余計な雑談は極力避ける。やむを得ず会話せざるを得ないときも，今やっている課題に直接関連する話題以外はしない。

（5）不注意症状の防止

どれだけ気をつけても一定水準以上は不注意が改善しない，ということを前提に，ミスの有無をチェックする役割の人を配置する。ミスは必ず起こる

のであるから，ミスしても咎めてはならない。ミスの仕方と程度には，人によって一定の傾向がある場合が多い。このため，その傾向の範囲内にあればよし，と考える。もしその傾向よりもミスが少ない場合は，素直にそれを喜ぶが，かといってその後の向上を期待してはならない。

（6）時間を守らせたいときはタイムキーパー役が張りつく

　物事には，「時間を守ることがすべてに優先する」という局面と，「良い結果を残すことがすべてに優先する」局面とがある。ここでも究極の選択が必要である。時間にはルーズであっても良い結果を残すという人の場合，時間を守る努力をさせることよりも良い結果を残すことに専念してもらい，時間の管理については介助したほうがよい。そこのところを割り切っておくことも重要である。本人の意思に関係なく時間を守らねばならない場面もしばしばある。その場合は，誰かタイムキーパー役を置いて介助するほうが無難である。

　ADHDの人たちが遅刻する理由は，「作業が遅れるから」だけとは限らない。所定の時間より10分ほど早く終えてしまうと，残り10分が待てない彼らは，つい余計なことを考えてしまう。「まだ時間があるからこれをやっておこう」と衝動的に思いつき，それをやっていると20分かかってしまう。しかし，一度やり始めたら途中で終えられないため，結果として本来やるべきことは早々と終えているにもかかわらず遅刻してしまう。彼らは，ピッタリ定刻に作業が終えたときしか間に合わないのである。そこで，タイムキーパー役の人は，彼らが万一定刻よりも前に作業を終えてしまった場合に備えて対策を用意しておく必要がある。定刻の10〜15分ほど前にタイムキーパー役の人が進捗状況を確認するとともに，そこから定刻になるまでは付き添っておく。万一早く作業を終えてしまった場合，早々に移動を促す。

7．二次障害への対応

　これまでに述べた対応だけではうまくいかない場合の多くは，なんらかの二次障害があると考えられる。何かの課題があるときの対応には，克服するための努力や練習といった「訓練型」の対応と，ストレス解消や休養といっ

た「癒し型」の対応がある。発達障害の特性がうまく活用され，適材適所で得意なことを活かせる環境に置かれた発達障害の人たちは，意欲的で努力を惜しまない。このような場合，さまざまな問題に対して本人自らが訓練型の対応で解決を図っていく。しかし，二次障害を伴っている発達障害の人たちでは，訓練型の対応をすると二次障害が悪化するため，「癒し型」の対応が基本となる。また，薬物療法が必要な場合もあるため，医療との連携が不可欠である。

　二次障害の中の対応で最も留意が必要なのが，過剰なノルマ化傾向と対人不信である。

（1）過剰なノルマ化傾向への対応

　元来の固執傾向が病的に強まり，無理なことを自らへのノルマと課して，それができないと，あるいはできないことを心配して情緒不安定になったり抑うつ的になったりする。このような状態になると，癒し型の対応にも工夫が必要となる。「頑張り過ぎなくていい」と言われると「自分を否定された」と感じてしまい，「ゆっくり休みなさいよ」と助言されると「どうやればゆっくりできるのだろうか？」と真剣に考え込んでしまい，かえって気疲れする。

　劇的に効果のある接し方はないが，本人にこのような傾向があることを言葉で（必要に応じて文字で）明示することは重要かもしれない。たとえば「ゆっくり休めといわれると，かえって困ることはないですか？」などと質問してみる。そうすると，「はじめてわかってもらえる人に出会えた」というホッとした様子を見せ，徐々に緊張が和らいでくることが多い。肩の力を抜いて好きな趣味の話などをしているうちに，少しずつではあるが自分で課したノルマのレベルを下げてくることがある。

（2）対人不信への対応

　二次障害の出現している発達障害の子どもでは，他者から助言をもらう心構えが全くできていないことが案外多い。それまで困ったときに誰かに相談し，助言を得て実践してみるとうまくいったという経験をほとんど積めていない場合，対人不信を示すことが多い。

167

発達障害の人たちが困っていることを他者に訴えるときの多くは，ただ話を聞いてほしいだけか，明確に述べないが何か要求したいことがあり，それをやってほしいのである。そのことに気づかずに何か助言しても，助言には全く耳を貸さないか，場合によっては「余計なお節介をされた」と感じて怒りだすこともある。

　話しかけてくる内容が一見相談のようであっても，念のために「私に何かできることはありますか？」と確認してみるとよい。自分が話している相手が自分に対して何かしようと思っているという可能性に，そこではじめて気づく場合がある。二次障害ですでに深刻な対人不信がある場合は，「自分は人を信じていないので，どうせ何もしてくれないんでしょう？」などと発言することがあるので，その場合は，「せっかくだから，話は聞きますよ」などと軽く受ける程度にとどめておく。何も余計な口出しをせず話を聞いてもらう経験自体が少ないため，話を聞いてもらうことを心地よく感じることがあり，その場合は再度相談に訪れる。何度か面接を繰り返しているうちに，場合によっては何かを相談したいという姿勢が形成されてくることもある。

第6節　発達障害のある子どもの保護者の心理と対応

1．保護者の心理

　発達障害のある子どもの保護者は，日常的に強い心理的ストレスに晒されていることが多い。知的な遅れが軽度～境界知能の場合や知的障害を伴わない発達障害の場合，子どもが学童期になっても保護者が子どもの障害に気づいていない，あるいは気づいていても障害と認めたがらない場合がある。専門機関で発達障害について告知されていても，学童期にはすでに集団不適応，学業不振などの問題を経験しているため，保護者自身も子育てに自信を失い，教師や他の保護者とのコミュニケーションを避けがちになる場合がある。なかには，自分のしつけの失敗ではないかと自責の念に駆られている場合や，学校の教育の失敗に責任転嫁をしている場合もある。

　知的な遅れのない発達障害のある子どもをもつ保護者たちは，「我が子を将来少しでも良い条件で就労させたい」という希望と，「できるだけ良い学

校に行かせたい」という希望をもっていることが多い。ところが，この両者は全く関係がない。それどころか，高学歴になることで，かえって就労には不利になる場合すらある。本当は，長い人生で重要なのは学歴よりも仕事である。しかし，保護者たちは長期的なビジョンがもてず，目先の学校のことで右往左往してしまう。

周囲の大人たちが学校のことにとらわれ過ぎていると，いつしかその姿勢が本人にも伝播する。高校生・大学生になって，学校へのとらわれが本人に伝播してしまったケースでは，就労にとても苦労する。小学校〜中学校を通じて大人から「学歴があれば良い就労ができる」という根拠のない固定観念を意識的・無意識的を問わず植えつけられたことによって，とにかく上の学校を目指したい，そうしないと自分には何の価値もないと強く思いこんでしまう。あるいは，勉強を最優先にする方針の家庭の多くでは，本人が勉強とゲームやインターネット以外にはほとんど何も経験しない毎日を送っているため，高校生・大学生になっても具体的な社会人生活を全くイメージできておらず，就労のことを考えるのはなんとなく怖くて面倒になってしまう。たとえ勉強が嫌いでも学校へ行ってじっと授業を聴いているふりをしているほうが楽なので，就労は先延ばししたい，と考えるようになる。このような経過をたどることを予防するためにも，保護者への支援はきわめて重要である。

2．子どもの障害を保護者にどう伝えるか

保護者がまだ子どもの特性を発達障害という視点でとらえていない場合，なんらかのかたちでそのことを伝えるよう試みる必要がある。子どもの発達の問題を保護者に伝える際には，子どもの発達に得意な領域と苦手な領域があることを具体的に示すこと，および，その特性が生涯続く可能性が高いことを確実に伝えることが重要である。そのうえで，苦手な領域の訓練に比重をかけすぎることが二次的な問題のリスクを高めること，得意な領域を伸ばすことによって本人の自己肯定感を高めることこそが最も必要な支援であることを伝えなければならない。

ただし，子どもの発達の問題について伝えたときに，すべての保護者が一様なとらえ方をするわけではない。子どもの発達の問題を保護者に伝えるに

あたっては，保護者のパーソナリティや家族内力動について評価を行う必要がある。

　ここでは，支援－評価－告知という循環を繰り返していくことが重要である。まずは保護者に簡単に伝えてみて，保護者がすでにその問題に気づいているかどうかを確認する。次に，その問題への対策となる支援プランを提案し，保護者の同意のもとで実践してみる。ある程度実践したところで，その結果について評価し，それを保護者に伝えると共に，保護者の反応を評価する。そのうえで，さらに次の支援プランを立てる，という具合に進めていく。評価，支援プラン，実際の支援内容とその結果によって，教師と保護者との間にどのような信頼関係ができるのかも，評価しておく必要がある。

　仮に保護者がすでに子どもの問題に気づいていたとしても，他者から問題だけを指摘されると非難されたような感覚をもつことが多い。しかし，その問題への対策を立て，実行し，結果を検証するというプロセスを共有しようとする姿勢を示す支援者に対しては，信頼を寄せる可能性が高まる。一定の信頼関係が成立すれば，医療機関や発達支援センターなどの専門機関へつなぐ動機づけも可能となる。重要なことは，「自分の手に負えないから専門家にみてもらってくれ」ではなく「自分が子どもを適切に支援していくために専門的な評価を受け，それを今後に活かしたい」との姿勢が保護者に伝わるかどうかである。

3．保護者は，何を目指すべきか？

　我が国の社会構造と教育の現状を考えると，発達障害のある人たちにとって，学歴と就労との間にはそれほど関係がない。高等教育は，いわば趣味に近いかもしれない。発達障害の人たちの中には，今の我が国の教育カリキュラムこそが最も得意分野という人がいる。そのような人たちにとって，より高いレベルの教育を受けることこそが最もやりがいのもてることであれば，高等教育を受けることに何の問題もない。ただ，いくら好きだからといって趣味が必ずしも職業と結びつかないのと同様に，教養が職業と結びつく可能性は低いかもしれない。

　勉強がとても好きな子どもは思う存分勉強に打ち込むのがよいが，だから

といって就労に有利になる保障はない。一方,それ以外の,勉強が好きでない,あるいは苦手と感じている子どもは,勉強になるべく早く見切りをつけるほうが得策である。今の我が国では,高校卒業を最低条件にしている会社が多いので,「勉強が苦手でもせめて高校は卒業したい」または「卒業させたい」と考えるのは,仕方のないことである。しかし,高校に通うことを頑張り過ぎて二次障害が出現したり悪化したりしては,元も子もない。どうすれば心理的なストレスやトラウマを受けることなく卒業に必要な単位をとれるかを,考えなければならない。

就労は,学歴とは別個に考える必要がある。具体的に就労を検討する段階で,特に障害者手帳の取得をしなくてもうまくマッチングできる会社があれば,一般就労してよい。一方,障害者手帳を取得するほうが本人の希望に近い就労ができる可能性が高まるのであれば,躊躇なく手帳を取得するべきである。

大事なことは,どんな教育を受けるのか,そしてどんな就労をするのかは,その時その時に自然体で考えていくべきであり,「できるだけ偏差値の高い学校に行かせたい」「障害者手帳を取らなくてすむように育てたい」などと考えるべきではない。

以上のようなスタンスを,教師と保護者とでどの程度共有できるかが重要である。

課題

・インクルーシブ教育を実践するために大切なことを述べなさい。
・発達障害のある子どもをもつ保護者の心理について,まとめなさい。

〈引用・参考文献〉
文部科学省「文部科学省所管事業分野における障害を理由とする差別の解消の推進に関する対応指針」2015, http://www.mext.go.jp/a_menu/shotou/tokubetu/material/1364725.htm (2020.1.7最終アクセス)
本田秀夫『子どもから大人への発達精神医学——自閉症スペクトラム・ADHD・知的障害の基礎と実践』金剛出版,2013

American Psychiatric Association, *Diagnostic and Statistical Manual of Mental Disorders, 5th ed.* (*DSM-5*). American Psychiatric Association, Washington, D.C., 2013（日本精神神経学会 日本語版用語監修『DSM-5 精神疾患の診断・統計マニュアル』高橋三郎・大野裕監訳，医学書院，2014）

第9章

通常学級に在籍するグレーゾーンの児童生徒の理解と対応

「グレーゾーン」の子どもとは，明らかな知的障害はないが，学習や対人関係でつまずきやすく発達の偏りがありそうな子ども，あるいは症状が軽いため特定の発達障害とはいえないが，発達の偏りのある子どもを指す。子どもの特徴を把握して学校生活をサポートする方法を考えることが重要である。そのためには教師は発達の偏りを評価するための複数の視点を身につけ，子どもの抱える問題が何に由来するのか評価できることが望まれる。

キーワード

発達障害，診断，発達の偏り，評価，二次障害

第1節　グレーゾーンの子ども

1．「グレーゾーン」とは

　近年,「グレーゾーン」という言葉を時折耳にするようになった。「明らかな知的障害はないが, どこか気になる子ども, 学習や対人関係でつまずきやすい子ども」という意味で使われる場合もあれば, 特定の発達障害の診断はつかないが, 症状がそれほど重くないケースに対して使われる場合もある。

　たとえばクラスに勉強が苦手で友達関係がうまくいかない子がいるとする。担任から見て知的にはそれほど問題がなさそうだが, 背後に発達の偏りがあるように思われる。受診すればなんらかの発達障害と診断されるのではないか, と思わせる。そんなケースが「グレーゾーンの子ども」と呼ばれる。この場合,「グレー」(曖昧さ)は周囲の大人の中にある。

　また, 子どもの中には, 自閉スペクトラム症や注意欠如・多動症など, 前章で扱った特定の発達障害と診断するためには症状の数が足りない, あるいは症状がそれほど重くないという子どももいる。受診しても医師に「はっきりした診断は下せない」などと言われてしまう。こういうケースも「グレーゾーン」と呼ばれることがあるが, その場合,「グレー」は子どもの中にあるといえるだろう。

2．発達障害の診断

　学習や対人関係で困難を抱えている子どもをみるとき, 我々の関心は2つの相反する目標に向かう。ひとつめの目標は, その子どもの問題を詳しく見ることである。生じた問題の内容, 誘因, 経過, 結果をできるだけ詳しく明らかにしようとする。もうひとつの目標は, そうした問題の根本の原因は何なのか, できるだけ少ない言葉でまとめようとする方向である。

　発達障害の診断という営みは明らかに後者であり, 子どもの問題が生じる原因をひとことかふたことで要約しようという試みである。それは満天の星空に星座を見つけるのに似ている。無数にある星の中から近接するいくつかの星を選んでお互いを線で結ぶと特定の星座が見えてくるように, 複数の特

性が一人の子どもの中に同時にみられると「自閉スペクトラム症」あるいは「注意欠如・多動症」などと名づけられる。

診断名は子どもの特徴を要約するものかもしれないが、星座を構成する星以外にも空には無数の星がまたたいているように、発達障害の子どもには、診断だけでは説明できないさまざまな発達の偏りがある。たしかに診断は子どもについて知るための入り口になるかもしれないが、症状の数が揃わない、あるいは症状が軽いという理由で特定の診断名には結びつかなくても、家庭や学校で苦労している子どもたちも多い。

したがって診断名だけにこだわらず、子どもごとに異なる発達の偏りをどうとらえどう対応するか、ということを考えたほうがよい。さまざまな発達の偏りについて学び、子どもを複眼的な視点で評価できるようになれば「グレーゾーン」という言葉は不要になるはずである。次節では子どもの発達の偏りを評価するための視点について説明する。

第2節　発達の偏りを評価する視点

本節では子どもの発達の偏りを評価する主な視点を紹介する。個々の視点についてより詳しく知りたい人は、章末にあげた参考文献を読んでほしい。なお、個別の発達障害に特異的な問題や症状についてはここでは扱わない。第8章を参照されたい。

各論に入る前にまず確認しておきたいことは、これから述べる発達の偏りの程度や組み合わせは子ども一人ひとりで全部違うということである。特に「グレーゾーン」と呼ばれる子どもの場合、一つひとつの偏りはそれほど重くなくても、合わせると子どもにとって大きな負担となっていることが多い。

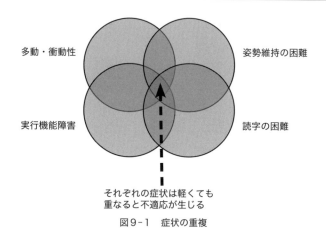

多動・衝動性　　　　　　　　姿勢維持の困難

実行機能障害　　　　　　　　読字の困難

それぞれの症状は軽くても
重なると不適応が生じる

図9-1　症状の重複

1．多動と衝動性

　多動傾向のある子どもは常に体の一部あるいは全体を無目的に動かしている。貧乏ゆすりのように足先だけを持続的に動かす場合もあれば，授業中に立ち歩いたり，教室の外に飛び出たりすることもある。衝動性が併存することが多い。

　衝動性とは，やりたいことを「今すぐ」「後先考えずに」やろうとする傾向である。衝動的な子どもは，よく考えずに思いつきで何か言ってしまう，やってしまうために失敗しやすい。また衝動性とは，やりたくないことは「後で」やろうとし，できれば「やらずに済ませよう」とする傾向でもある。一人の子どもの中に，「考えなしの行動」と「めんどうくさがり屋」が共存しやすい。

　不適切な言動や行動であっても，明確な目的や計画が背後にある場合は衝動的とは呼ばない。万引きを例にとると，綿密に計画を立て，見張りを立ててコンビニエンスストアの店員の隙をついて品物を盗む場合は衝動的な行動ではない。店に入ったら，ある品物が目に入り，ほしくなって思わずズボンのポケットに入れてしまった場合，これは衝動的行動である。

　誰でも幼い頃なら考えなしの言動や行動が問題視されることはない。ある程度以上の年齢になってもそうした傾向が改善しない場合は，衝動をコント

ロールする力の弱さだけでなく，自分の行動の結果を予測する能力が乏しく，相手の考えや気持ちを推測する能力が未熟な場合がある。

2．注意と覚醒度

　注意の障害があると，特定の事柄にずっと注意を向け続けることができない（持続的注意の問題），視覚的刺激や聴覚的刺激にひきずられて気が散りやすい（注意の転導性），何かに集中していると別の対象に気持ちを切り替えて取り組むことが苦手（注意対象の切替困難），複数の事柄に同時に注意を向けることができない（分割的注意の問題），などの問題が生じる。また自分の外側に注意を向け続けることが難しく，自分の内側に生じる想像や空想にとらわれ，「心ここにあらず」の状態になってしまう子どももいる（白昼夢）。

　注意の問題は覚醒度とも関係している。子どもによっては，周囲からの刺激があれば覚醒度が保たれて生き生きと活動できるが，刺激が少ない場合，あるいは刺激はあってもそれに本人が興味をもてない場合に，覚醒度が極端に落ちてしまう。たとえば睡眠が不足しているとき，疲労困憊しているときは誰でも注意がおろそかになりやすいが，それと同様の状態に陥る。

　注意や覚醒度の問題を評価する際には，子どもの「あまり好きではないがやらねばならないこと（たとえば勉強）」に対する取り組みを見る必要がある。注意の障害は注意欠如・多動症の中核症状のひとつだが，発達に偏りのある子どもたちに幅広く見られる問題でもある。ただ，知的障害，睡眠不足や疲労でも同様の状態に陥るので注意が必要である。

3．視覚機能

　視覚情報を脳に入力して処理する過程に問題があると，ものを正しく「見る」ことが難しいだけではなく，「もの」と「もの」の関係，「もの」と「自分」の関係を適切に評価することが難しくなる。

（1）視覚情報を脳に入力する機能

　視覚情報が脳に達する経路には，子どもの視力と眼球運動が大きく影響す

る。眼球運動には，衝動性眼球運動（見ようとする対象に素早く視線を向ける），追従性眼球運動（対象を視線がゆっくりと追う），輻輳（近くのものを見るために眼球を内側に寄せる）などがある。これらが正しく機能しないとものを見るのに苦労する。

（2）視覚情報を脳で処理する機能

　視覚情報は大脳に達してから情報処理を受ける。そのプロセスでなんらかの問題が生じると，きちんと「見ている」にもかかわらず，他の人と同じようには「見えていない」ということが起こる。文字や図形のかたち，見たもの相互の二次元・三次元の位置関係を把握することや，自分の体・体の動きをイメージすることが難しくなる。

４．感覚統合

　子どもが字を書くとき，話を聞くとき，友達と遊ぶときには，いろいろな経路から入力される感覚情報を，脳が自動的に処理している。感覚には，固有感覚（体の動きや手足の状態の感覚），前庭感覚（身体の傾きや速度の感覚），触覚，視覚，聴覚などがあり，これらの感覚を整理・統合する脳の働きを感覚統合という。発達に偏りのある子どもは感覚統合に問題があることが多く，さまざまな領域で困難を経験する。

５．目と手の協応

　子どもが特定の図形を紙に描いたり，はさみを用いて点線に沿って紙を切るとき，入ってくる視覚情報を瞬時に処理して鉛筆やはさみの動きをコントロールしている。このような視覚と運動機能の円滑な連携を目と手の協応と呼び，発達に偏りのある子どもにはこれが不得意な者が多い。

６．協調運動

　協調運動とは複数の運動を同時に行うことを指す。協調運動の障害が現れやすい領域は，走ったり飛んだりする全身運動（粗大運動），はさみを使ったりボタンを留めたりする手先の運動（微細運動），縄跳びをしたり楽器を

演奏したりする組み合わせ運動（構成行為）に分類されている。発達性協調運動障害は自閉スペクトラム症，注意欠如・多動症や学習症と合併することが知られている。

7．実行機能とワーキングメモリー

　実行機能とは，ある目的を効果的に達成するために一連の作業を遂行する大脳の働きを指し，自閉スペクトラム症や注意欠如・多動症の子どもでは特に障害されやすいと考えられている。ワーキングメモリーは実行機能の一部で，短い時間に心の中で視覚的・聴覚的な情報を保持し，同時に処理する能力のことを指す。ワーキングメモリーは，国語，算数，理科などの学習と密接に関連していること，そして，発達障害のある子どもの多くがワーキングメモリーに問題を抱えていることが明らかになっている。

第3節　具体的な現れ

　教育現場においては，子どもの呈する問題から，その背後にある発達の偏りを推測する作業が求められる。たとえば「黒板の字を写すのが苦手」という問題ひとつとっても，想定される原因はさまざまである。本節では，具体的な児童の問題を取り上げ，前節で学んだ発達の偏りとの関連について述べる。

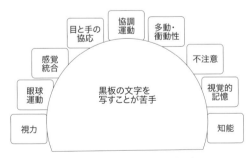

図9-2　問題の背後にある発達の偏り

本節では，教育現場で「グレーゾーン」の子どもたちが呈する問題について，1．学習に関する問題，2．自己コントロールに関する問題，3．他者理解に関する問題に分けて述べる。

1．学習に関する問題
（1）「読み」に問題がある場合
①屈折と調節

　読むのが苦手な子どもの場合，眼科的に問題はないかどうかチェックする必要がある。学習症だけと思われていた子どもに強度の近視・遠視や乱視（屈折異常）が併存していることがある。また，手元の字に上手に焦点を合わせることが難しい子どももいるかもしれない（調節障害）。適切な眼科的診察と眼鏡の作成で問題が軽減したという例も少なくない。

②眼球運動と調節

　我々は縦書きの文書を読むとき，視線は行頭から行末に向かい（追従性眼球運動），行末に達した直後に次の行頭に素早く向かう（衝動性眼球運動）。また，遠くの黒板に書かれた字を覚えて手元のノートに書き写すとき，両目を瞬時に内側に寄せる（輻輳）。こうした眼球運動に不具合があると，字を読むのが困難となる。

　眼球運動を簡便に評価するためには，子どもと正面から向かい合わせに座り，相手のあごに手を添えて頭部を固定し，こちらの人差し指を立てて動かし目で追わせるとよい。眼振（眼球が細かく震えること）が見られることもある。

③視覚情報処理の問題

　屈折や調節に異常がなく，眼球運動にも問題がなく，きちんと字を見つめているにもかかわらず字が読めない子どもがいる。その場合，視覚情報の処理に問題がないかどうかを疑う。目の前に置いた図形を模写させてみると，オリジナルとは明らかに異なる図を描き出す子どもがいる。オリジナルと模写した図の違いがわからないことがあり，その場合は視知覚の障害を疑う。

上下はそのままで左右が反転した文字（鏡文字）を書く場合なども視知覚の問題が関連している可能性があるだろう。

④視覚記憶

　字が読める前提は，字を覚えていることである。視覚的なイメージを記憶する能力がどの程度あるか，これは子どもによって違ってくる。一回見ただけで覚えてしまうような視覚記憶の特に優れた子どももいれば，覚えるのにすごく苦労する子どももいる。視覚記憶を考えるうえで，もうひとつ大事なのは，個々の対象の位置関係を覚えておく能力である。字の記憶でいえば，「へん」「つくり」や「かんむり」は思い出せても，相互の位置関係で混乱する場合がこれにあたる。

　音読が難しい場合は注意を要する。文字が正確にあるいは流暢に読めない場合は，特異的読字障害の可能性がある。小学1年生が終わる頃でも，ひらがなの読み困難や，特殊音節（拗音，撥音，促音）につまずきがあるようなら専門機関への紹介が必要かもしれない。

（2）「書き」に問題がある場合
①鉛筆をきちんと持てるか

　字を書くためにはまず，鉛筆をきちんと持てていなければならない。指先がうまく手のかたちを整え，適度に力を入れて鉛筆を持てないと，書字に苦労する。5本の指が柔軟に動き，それぞれが独立して動き，同時にそれぞれの役割を果たすことが必要となる。加えて，鉛筆を握る力が弱すぎたり強すぎたりすれば，運筆がスムースにいかない。こうした指先の微細な運動の能力について評価する必要がある。

②手首，肘，肩を同時になめらかに動かせるか

　字を書くときには，手指，手首と肘の関節を同時になめらかに動かし，鉛筆の先に一定の圧力をかけながら移動させなければならないが，これが自然に身につかない子どもがいる。たとえばマス目の中に字をきちんと書こうとしても，思ったように書けずに大きくはみ出してしまう。

③目と手をうまく一緒に働かすことができるか

　字や図形を書くとき，子どもは出来上がってゆく対象を目で見ながら，鉛筆の先を微妙にコントロールしてイメージ通りに仕上げてゆく（目と手の協応）。目をつむって書いてもうまくいかないのは，目と手が同時に働くことの重要性を物語っている。眼前に置いた手本を見ながら書いてもうまく書けないときは，この領域に問題があるのではないかと疑う必要がある。

④正しい姿勢を保つことができるか

　背筋を伸ばし，正しい姿勢を保つことで，目から手元に向かう視線が一定となり，手首・肘・肩の関節に余計な力が加わらずに自由に動かせるようになる。筋肉の緊張が弱めだったり（低緊張症），重力の方向に対して垂直に自分の体幹を保つことが下手だったりすると（感覚統合の問題），姿勢が崩れやすい。

（3）授業の聴き方に問題がある場合
①一定時間，話し手に注意を向けることができるか

　授業を聴いて理解するためには，話し手である教師に一定時間注意を向け続けることができなければならない。教室の席に座っている子どもはさまざまな視覚的・聴覚的刺激にさらされている。たとえば周囲の席の子どもや教室内の掲示物，廊下を歩く人が見える。また校庭や校外の人声や物音が聞こえるかもしれない。

　こうした刺激にフィルターをかけて遮断し，教師の話だけに集中するのは，小学校に入学したばかりだとなかなか難しいだろうが，次第に上手になってゆく。だが感覚統合に問題があると，複数の聴覚的刺激の中から必要なものだけ取り出すことができず，頭の中で相互に関連のない声や音が鳴り響く不快感から授業に集中できなくなる，ということが起こる。

　また，些細な刺激で気がそれてしまう，ぼんやりと考えごとをして教師の話に身が入らないという状態が続く子どももいる。その場合は注意や覚醒度の問題がないかどうかチェックする必要があるだろう。聴くという作業だけに集中できず，手遊びをしたり，隣の子に話しかけたり，突然教師に質問を

したりする子どもは，多動や衝動性の問題を抱えているかもしれない。

②言われたことを覚えていられるかどうか

　きちんと話を聴いていたはずなのに，先生に指示されたことを思い出せず，周りを見て行動しようとする子どもがいる。この場合は聴覚的記憶に問題はないかどうかチェックする必要があるだろう。聴覚的記憶が不得意な子どもだと，極端な場合は言われたことを数秒せずに忘れてしまうこともあり，不注意が併存していると事態はより深刻である。聴覚的記憶と視覚的記憶のどちらが得意かチェックする必要がある。また，一度に言われて覚えていられる量（ワーキングメモリーの大きさ）は子どもごとに異なるので，その点にも注意したい。

③聴いたことを頭の中だけで処理できるか

　教師の話は聴いて覚えるだけではなく，質問されたら過去の記憶を探ったり，出された問題についていろいろと考えなければならない。たとえば暗算の問題が出されたら，質問の内容を覚えておいて，それを使って頭の中で計算し，答えを相手に伝えなければならない。聴覚情報だけを頼りにぱっと答える子もいれば，計算式を紙に書かないと（視覚的情報に変換しないと）答えが出せない子もいるだろう。情報の記憶だけではなく，情報処理のやり方にも個人差があることに留意したい。

2．自己コントロールに関する問題

（1）行動のコントロール

　社会生活を送るためには，その場で期待されている行動のルールに従うことが必要で，自分の思いつきだけで何か言ったりやったりすることは，さまざまな不都合をもたらす。自分の欲求や願望をそのまま即座に満たすことを控え，周囲が受け入れやすいかたちに変え，時間をかけて部分的な満足を目指すことが求められる。「我慢が下手」「わがままな子」と言われる子どもは，こうした欲求不満に耐える力や，欲求の充足を延期する力が乏しいといえるだろう。

ただ，子どもの中には，授業を妨害したいとか，誰かに嫌な思いをさせたいといった明確な欲求があるわけではなく，そのときたまたま思いついて言ってしまう，やってしまうという者がいる。思ったことをすぐ口に出したり，わけもなく他の子にちょっかいを出したり，急に動いたりする。休み時間にゴミ箱を天井に向かって投げ，それが友達の頭にあたってけがをさせるということもある。教師が理由を問うても「そうしたかったから」という説明しか返ってこない。この場合はその子どもに衝動制御の障害があるのではないかと疑う必要があるだろう。

　目標を設定し，スケジュールを立てて実行するには，まだ目に見えず手で触れることのできない未来に向かって，今後自分がとる行動をスケジュール上に配置する能力が必要とされる（実行機能）。

(2) 感情のコントロール

　子どもによっては突然怒りが止まらなくなったり，すぐに不機嫌になったりする者がいる。あるいは気分が高揚して多弁・多動になる者もいれば，些細なきっかけですぐに落ち込む者もいるだろう。もともとそういう気質・性格の子どものこともあるし，発達の偏りが気分の揺らぎに反映している場合もある。

　気分の変化はまず，それに先行する事柄との組み合わせで考える。誰かに理不尽なことを言われたら怒り，好きな人に告白してふられたら落ち込む，というように，なるほどたしかにそれなら怒っても不思議はない，落ち込んでも当然だ，という事情はあるだろう。だが，その程度があまりにも激しく，ひとつの感情があまりにも長く続く場合は，感情の制御が苦手な子どもではないか，と疑う必要があるだろう。本人の性格的な問題で説明できるのか，注意欠如・多動症などにみられるような気分の易変性なのか吟味する必要がある。

　また，周囲から見てなぜ怒るのか理解できない，それで落ち込むのはどう考えてもおかしい，というように，引き金になった事柄と表れる感情との「ずれ」が生じる場合がある。その場合，相手の言動・行動や状況を認知する際になんらかの歪みが生じている可能性があり，自閉スペクトラム症の可能性

も検討する。

(3) 身体のコントロール

　授業中，一応は席に座っていられても，貧乏ゆすりのように体の一部をいつも動かしていたり，手遊びをしたり，文房具をいじったりしていないと落ち着かない子どもがいる。その動きをやめさせると，今度は別のかたちで体を動かそうとする。こういう子については多動傾向を疑う必要があるだろう。一方的に制止しても結局「いたちごっこ」になってしまい，別の動きを誘発するだけに終わることが多い。どこか体の一部を動かすことで，かえって教師の話に注目することができることも多い。年齢が上がって体の動きはおさまっても，どこか気持ちが落ち着かない（「内的不穏」）状態が続くことがあり，注意を要する。

　ドアを勢いよく開けて大きな音をたてる，ものを机の上に「どしん」と置く，どすどすと大きな足音で歩く，といったように「ほどよく」「ちょうどよい加減で」力を入れることが難しい子どもがいる。たとえば生卵を持つときに，ぐっと握ったら卵は割れてしまうし，ほどよく持たないと落としてしまうが，そのあたりの感覚が身についていない。これはものの重さや硬さをとらえる力（固有覚）が育っていない場合に生じやすい。

　洋服の着脱が難しい子がいる。自分の身体の大きさやそれぞれのパーツ間の位置関係が自然に身についていないとこういうことが生じやすい。それに加えて見えないものを想像する能力が乏しいと，自分の頭や背中について考えるのが難しいため，なおさらスムーズな着替えが難しくなる。また自分の体の大きさや周囲との位置関係が十分に掴めないと，衝動性の高い子どもだと，急に動いて体をぶつけてけがをすることが多い。

3．他者理解に関する問題

　総じて，発達に偏りがある場合，目に見えず，手で触れることのできないものを扱うのが困難な子どもが多い。特に相手の気持ちや考えを想像すること，暗黙のルールを理解して従うこと，などが不得意のように思われ，その特徴は自閉スペクトラム症に顕著に認められる。

相手に対して悪意がなくても，相手の気持ちを想像することができないと，対人関係でさまざまな不具合が生じやすい。通常，会話をする際には，相手は自分の話に関心をもっているだろうか，自分がもしこう言ったら相手はどう感じるだろうか，そして自分のことをどう思うだろうか，といった想像は不可欠である。もしそれがなければ会話は，お互いが自分の言いたいことだけを話す場となってしまう。会話に限らず，日常の気づかいはすべてこの想像の上に成り立っている。年齢相応の気づかい，思いやり，遠慮がどの程度できるかを確かめたい。

第4節　おわりに

「グレーゾーン」の子どもたちを理解するための視点と実際の現れについて述べた。子どもの問題を正確に見立てることができなければ，適切な対策を講ずることはできない。教える側が子どもを評価するための視点をできるだけたくさんもつことが，援助を行うための前提となる。本章では対応法については詳しく述べることができなかったが，参考文献を読んで身につけてほしい。

「グレーゾーン」の子どもは，周囲から発達の偏りに気づかれにくく，本人が頑張っても成果が上がらないため，子どもの自己評価が低下して意欲が全般的に低下しやすい。注意されることも多く，これに反発して不適切な言動・行動が増すこともある。こうした二次障害にのみ目を奪われることなく，背後にある発達の偏りに目を向けて援助することが望まれる。

課題

・発達障害を診断することと発達の偏りを評価することの違いについて述べなさい。
・以下の2事例を読み，本章で学んだことをもとに，どのように児童を理解し対応していきたいかを述べなさい。

●事例1

小学5年生の男子。11歳。人に近づきたい気持ちはあるが，自分が親しくなりたい人の前に行って唐突に「やあ‼」と何度もあいさつするため，かえって敬遠されている。休み時間は一人でいても平気で，鉄道関係の雑誌や時刻表を静かに読んでいることが多い。あるとき本人のすぐ近くで級友が騒いでいたら「うるさい！」と突然鉛筆を投げつけそうになった。電車の話を始めると止まらず，相手が退屈しても気づかず話し続けることもある。ユーモアを解することはどちらかというと苦手で，みんなが笑っている場面でも生真面目な表情を崩さないことが多い。ドッジボールをやっていて，たまたま本人の顔面に向かってボールが飛んできたとき「俺を殺すのか！」と怒りが止まらなかったというエピソードがある。スポーツは全般的に苦手で，特にボールを使う競技を嫌っている。

●事例2

小学校3年生の男子。8歳。授業中，手持ち無沙汰になると何かいじっていることが多い。思いつきで行動しやすく，突然前に座っている子に向けて輪ゴムを飛ばしたりする。担任がクラス全体に問いかけると，指される前にいきなり答えを口にすることもある。人なつこく，校長先生にもまるで友人のような口をきく。授業中に窓の外で何か物音がすると，素早く窓のところへ走り寄り見物する。いろいろなものにつまずいたり，ぶつかったりするため，けがが多い。教師に叱られても，好きなことをやっているときは聞く耳をもたない。勉強はやればできるが，めんどうくさがってやろうとしない。字の書き方に難があり鏡文字を書くことが多い。字を読むことはできるが読書は嫌う。

〈参考文献〉
北出勝也『学ぶことが大好きになるビジョントレーニング——読み書き・運動が苦手なのには理由があった』図書文化社，2009
木村順『育てにくい子にはわけがある——感覚統合が教えてくれたもの』大月書店，2006
藤原里美『はじめての療育』学研教育出版，2015

湯澤美紀・湯澤正通・河村 暁『ワーキングメモリと特別な支援――一人ひとりの学習のニーズに応える』北大路書房，2013

Wilde, J., *Hot Stuff to Help Kids Chill Out: The Anger Management Book*. Richmond, LGR Publishing, 1997（ワイルド，J.『自分の怒りをしずめよう』鈴村俊介訳，東京書籍，2008）

第 **10** 章
保護者との協力体制の作り方

モンスターペアレントという言葉が使われ始めてから，保護者の理不尽な要求がクローズアップされてきたが，実際はまっとうな保護者も多く存在する。児童生徒に生じる問題について，保護者と学校が対立したのでは，児童生徒が板挟みになるうえに，良い方向への解決は望めない。この章では，保護者との連携，協力体制の作り方を学習する。

> **キーワード**
>
> 保護者，連携，協力体制，保護者の要求，困った保護者

第1節　保護者との協力体制

1．小学校入学に伴う分離体験

　それまで通っていた保育園，幼稚園では，保護者は毎日子どもの送り迎え
をしており，先生と話したり，実際の園の中での様子を自分で観察すること
もできる。しかし，小学校入学と同時に，送り迎えもなくなり，小学校の中
での様子は推察するしかなくなってしまう。これは言い換えると，小学校入
学と同時に，「分離」（親離れ，子離れと言い換えることもできる）が生じる
ということである。その結果，母子共に一時的に不安定になるのは，むしろ
こころが健康だからこそ生じる感情である。子どもは初めての学校や教室に
戸惑いや不安を感じ，保護者は我が子が楽しく学校生活を送ることができて
いるか，先生は我が子をきちんとみてくれているかなど，さまざまなことが
気になるものである。健康な場合は，誰もが体験する小学校入学に伴う分離
を自然に乗り越えて，母も子も自分の世界を展開していくことになる。

　一方，たとえば子離れのできない保護者であったとしても，学級担任が児
童との信頼関係を築いていくことができると，児童の親離れを助けることに
なり，児童は学校生活を楽しむことができるようになっていく。そして，そ
れが自立の始まりとなる。

　この発達に伴う揺らぎを理解しておくことが大切である。

2．中高の保護者との関係

　子どもの年齢が上がるにつれ，保護者と直接接する機会は減少する。これ
は本人の心身が成長し，自分のことを自分で考えたり，決定したりするこ
とができるようになりつつあるからである。教員は，本人が迷ったりする際
に，本人の持つ力を伸ばせるような関わりをするが，未成年であるため事柄
によっては，保護者の意見を聞くことも必要になることがある。一方，年齢
が上がるほど，非行，問題行動などが生じやすくなるために，保護者との連
携が必須になる場合もある。どの場合も，青年期の生徒たちは，大人との関
係に敏感であるため（第5章第3節の発達課題参照），本人も入れて三者面

談などを設定する方が望ましい。本人を入れずに保護者と教員が面談すると
なると，自分の秘密が漏らされるなどと考え，保護者にも教員にも口を閉ざ
すことなどが起きる可能性がある。

3．発達障害や慢性疾患などを抱える場合

　子どもに発達障害や発達の偏りがあったり，慢性疾患を抱えている場合な
どは，積極的に保護者から情報収集すべきである。家族が一番それまでのそ
の子の様子を知っており，それを教えてもらい，学校と家庭が同じ方向を向
いて支援していくことが大切である。アレルギーなども同様である。

4．なぜ連携するのか

　保護者との連携について，皆さんはどのようなイメージを抱いているであ
ろうか。保護者とのかかわりは，何か苦情を言われるのではないか，理不尽
な要求をされるのではないかと身構えてしまう教員も多いものである。保護
者からの連絡がくると，時間をとられる，文句を言われる，要求が多すぎる
など，面倒であると捉えている印象が否めない。モンスターペアレントとい
う言葉も流行ったが，このようなマイナスのイメージから保護者との連携が
スタートするならば，この連携がうまくいく可能性は低くなってしまうと言
わざるを得ない。

　そもそも保護者から連絡がくるということは，言い換えると，教員と児童
生徒について話したいことができたからである。我が子のことが心配だった
り，気がかりだったりするので，教員に様子を聞いたり，相談しようと思い
連絡をしてくるわけである。すなわち保護者と教員が協力して，情報共有を
したり，児童生徒について考え，共に支えていくことが連携である。つまり，
連携の中心は児童生徒である。図10-1を参照してほしい。

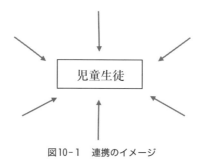

図10-1　連携のイメージ

　中心にいる児童生徒のために，さまざまな立場からさまざまな支援を行うことが連携である。中心にいる児童生徒の発達や適応を見守りながら，皆が支援する（発達促進的援助：児童生徒自身が持つ力を発揮できるように援助すること）のである。すなわち，この矢印は，一つは保護者であり，一つは教員であり，一つは学校組織であり，というように，児童生徒はたくさんの人や組織に支えられるべきである。この取り巻く人々皆が協力をしながら，児童生徒のことを共に考えていくために連携をする。よって，この矢印同士が敵対したり，信頼関係が崩壊すると，当然中心にいる児童生徒は不安定になる。

　たとえば，不登校になった子どもの保護者は学校の責任を追及し，学校は保護者の育て方を批判するというような展開をみることがあるが，保護者と学校が争う状態にある子どもが登校を再開したケースはほとんどない。子どもの不登校の原因はどこにあるのかを，保護者と教員が双方で情報提供をしながら考え，双方で子どもを観察していくことにより，より広い視点で原因を探ることが可能となる。

　信頼関係が築けず，保護者が教員を侮蔑していれば，その子どもも教員を侮蔑してみるようになることが多い。教員が保護者を厄介者と思うと，子どももそれを感知する。さらに，教員と保護者が揉めていれば，その関係性を見て，自分も揉めていいのだと意識的・無意識的に思う。つまり，児童生徒への支援・連携は，教員と保護者が協力体制を作ることができるかどうかにかなりかかっているのである。

192

5．何を協力するのか

　さまざまな連携が可能になると，児童生徒を多視点から総合的立体的に理解していくことが可能になる。保護者と連携し，協力体制を築き始めることができた場合，学校場面，家庭内，これまでの適応状況・生育歴などそれぞれの情報をつきあわせ，今何が起きているのかを推察・理解することができる。その結果，客観的に事態を考えることができるようになる。さらに，継続的に双方が観察することにより，小さなサインに気がつくこともできる。このように保護者と学校の信頼関係が連携を成功させる。

　しかし，小学校は，児童が6歳から12歳という長い年月を過ごす場所である。低学年では，保護者と教員が協力をしてうまくいくことも，高学年になると，大人はうざい，などとかえって連携することで児童との溝が深まる場合もある。当然であるが，発達という視点からも児童を捉えていくことが大切である（第5章参照）。

　小学校高学年から中学校は深刻ないじめや非行などの問題行動が始まることも多い年代であり，児童生徒を保護すると同時に居場所を提供するなど，教員と保護者の連携が非常に大切な問題も多発する。問題の質，緊急度などにより，何をどのように協力するのかは，個々の事例で考えなければならない。またスクールカウンセラー，スクールソーシャルワーカー，警察，児童相談所などとの連携も必要になることも多い。

　これらの判断や手順については第1章，第2章，第5章などを中心に学習してきたことを活用する。

6．協力体制の作り方

（1）傾聴と受容

　相手が保護者であっても児童生徒理解と同様，相手が何を言いたいのかをよく傾聴し，対話をしないと，何も見えてこない。保護者から連絡があった場合は，何を伝えたくて連絡をしてきたのか，じっくりと耳を傾けることから始まる。相談の場合，本題から入る人もいれば，他愛ないことから話し始める人もいる。学校の場合は，勉強のことが話しやすいので，成績などについて話し始める保護者も多い。熱意のあまり，その前置きばかりに応答して

しまうと，保護者は本当に話したいことを話せずに終わってしまうことがあるので要注意である。

　また，話したくて来校したのに，教員ばかりが話し，保護者が想いを話せずに終わると，保護者にストレスが残る。傾聴するということは，すなわち相手に語ってもらうということである。なぜこの保護者は連絡をしてきたのだろう，何が心配なのだろう，何が気になっているのだろう，何に腹を立てているのだろう，ということを知るためには，まずは遮らずに聴くことが大切となる。いわゆる傾聴・受容をするということである。教員としての意見や助言を言うのは，保護者の話をよく聴いたあとの作業である。

　また，相談してくる保護者は不安や怒り，心配などの感情でいっぱいになっている場合もある。まずは感情を受け止めることが必要である。感情を受け止めるのは，なかなか困難な場合もあるが，保護者がどう感じているのかを理解するためには，感情を傾聴することがやはり大切となる。

　このように保護者の話をじっくり聴くというスタイルをとると，自然と客観的な聴き方をするようになる。たとえば同じことを繰り返し興奮して言い続ける保護者を前にして，「どうしてこんなに同じことを言い続けるのか？」「どうしてこんなに興奮してしまっているのか」という耳で聴くということである。このように客観的になることができると，教員が直接傷ついたり，相手の感情に巻き込まれて教員までもイライラしたりしなくてすむ。

（2）理解

　受容しながら傾聴をしていると，相手が何を話したいのかが見えてくる。児童生徒理解と同様，保護者理解が重要となる。すでに述べたように，相手を理解できると，自ずと対応はみえてくる。

（3）説明

　保護者の話を聞いているうちに，教員の行動が誤解されていることに気づくこともある。保護者は子どもの話を通してしか事態を知ることができないので，正確に事態を把握しているとは限らない。そのような場合は，事実関係やなぜそのような行動をしたかを，きちんと説明することも必要である。

　ただ，その際，子どもが嘘をついているなどと子どもを否定するのではなく，「一生懸命伝えてくれたのですね」，などと児童生徒を守ったうえで，事実を話すことが大切である。中には，子どものせいで恥をかいたなどと子どもに矛先を移す保護者もいるからだ。

7．連携する際の保護者対応のポイント

　およそ初回の相談時は，上述してきたような受容しながらの傾聴を行い，保護者の述べたいこと，訴えたいこと，相談したいことは何かを的確に理解できるような時間にする。そのためには事実関係も含めて，時系例にそって，話を整理する必要もある。そして，その問題がどのくらいの緊急度があるかどうかを判断する。

　それと同時に，教員が一人で対応して良い問題か，チームなどで連携した方が良い問題かを判断する。面談の終わりに，保護者に対してこの時点での教員としての考えを簡潔に述べるが，早期に結論を述べる必要はなく，「お母様のお話を伺いましたので，こちらも調査をしてみます」「学年主任とも協力して対応すべき問題と思いますので，今日のお話を伝えてもよろしいでしょうか」などと述べ，自分自身が考えたり，教員同士で相談をしたりする時間を確保する。「また連絡します」ではなく，「次回いついつにおいでいただけますか？」などの次の約束が具体的な日時であることは保護者を安心させるので，継続の場合は，次回の約束までする。

　どの相談も1回で終了する必要はない。児童を継続的に観察し，保護者とも継続相談をする場合，継続相談はしないが何かあれば連絡を取り合う状態にする場合もある。

　設定条件については，第2節に解説していることを参照してほしい。どの保護者であっても同様の設定条件が必要である。

8．保護者を支援する

　協力体制というと，対等な関係を意味しているが，中には支援が必要な保護者もいる。たとえば，若くして出産したために母親自身がまだ社会性を身につけていない場合や，子育てに困ってしまっている場合，複数の子どもを

195

育てて手一杯になっている場合，夫婦の関係がぎくしゃくして子育てを母親一人で抱えている場合などがある。また一方，過剰に子どもにかかわったり，我が子とのかかわりを過剰に拒絶する保護者もいる。かかわりを拒絶する保護者に対しては，つい「もっと向き合ってください」などと助言したくなるものである。しかし，保護者の事情を傾聴も理解もせずにする助言は相手の心には届かないことが多い。また教員と保護者では立場も役割も異なる。教員は児童生徒と近い存在とはいえ，同居しているわけでもなく，学校内で接することはあっても，物理的に離れることもできる。たとえば不登校などになると時々しか顔を合わせない。ところが，保護者にとっては我が子であり，見捨てるわけにもいかず，不登校などになるとずっと家の中にいるため，かなり事態に巻き込まれ，客観性を失ってしまうこともある。

9．まとめ

　このように保護者といっても，さまざまであり，それぞれ背景も状況も異なる。これらの困っている保護者を理解し，支援できるのも教員である。環境となる保護者を支えることは児童生徒を支えることにもなる。しかし，担任一人で全てを抱えるのではなく，保護者と児童生徒が共倒れにならないように，スクールカウンセラーに保護者の対応を依頼する，行政のサービスを利用できるようにつなぐ，などの連携も含め，保護者を支援するという視点も大切となる。しかし，注意点としては，保護者自身の相談にのる必要はないということである。連携はあくまでも児童生徒を支援するために保護者と教員が協力するということであった。保護者の相談，たとえば離婚問題や家庭の不和などは専門の機関で相談してもらうように助言をすることが教員の仕事であり，その境界線が大切である。

第2節　困った保護者

　まっとうな保護者が存在する一方で理不尽な要求をする保護者が存在することも事実である。よく耳にするのは，「困った保護者は困っている保護者だと理解しなさい」ということである。これは確かに正論である。どうして

よいかわからなくなり，教員に当たり散らしたりする保護者も多いものである。この困っている保護者を支援するのもなかなかエネルギーのいることである。

しかし，中には，本当の困った保護者もいる。常識では考えられないような要求をしたり，理不尽なことを言われたり，裁判沙汰になったりということも起こっているのもまた事実である。

では，これらの困った保護者にはどのように対応したら良いのかを考えてみたい。困った保護者と相対したときには，教員側は「なんだか揉めそうだな」「この人と会うのは気が重いな」などという気持ちが過ぎることが多い。

1．相談の設定条件
（1）場の設定

メールや電話は便利ではあるが，実際に学校に来校してもらい，顔を見ながら，複数で面談をすることが大切である。自宅に一人で行くなどの行動は，後に必ず水掛け論やトラブルに巻き込まれるので，避けなければならない。電話で文句をまくしたてられた場合，「大切なお話ですので，是非お会いしてお話したいと思います。今から学校にいらしていただけますでしょうか」と伝えると（相談の設定を整える），意外にあっさりと「もういい」と電話が切れたりするものである。

（2）複数対応

相談の際は，学校側が複数対応することも必要である。これは水掛け論を避けるためでもあるが，複数人がかかわることにより，より客観性を保てるようになる。また，昨今は訴訟に発展するケースもあるので，複数での対応は保身という意味においても大切である。(5)記録を残す，という欄も参照してほしい。

また，複数いると，教員内で役割分担ができる。傾聴役の教員，指導的な教員，というように，チーム内で役割分担をして対応する。困った保護者の場合は，時に，悪者役を引き受ける教員がいる方がうまく解決できる場合もあるが，教員組織としては，これはあくまでも役割であり，その教員は悪く

ないということを認識している必要がある。悪者役を引き受けた教員のストレスは非常に大きいのでそれも組織が自覚することが必要である。

（3）感情論ではなく事実

　まずは，傾聴することが大切なので，保護者の感情を受け止める必要がある。とはいえ，ただ怒鳴り散らされている状態のままでいる必要もない。

　こちらからは，話のなかで，感情よりも事実関係に焦点を当て，事態を把握する。「娘はお前がＡちゃんばかりを可愛がるから嫌いだと言っているぞ。もう学校に行きたくないと泣いている。担任なのに一人をひいきするとは何事だ！」と言われたら，「お子さんがそのようにおっしゃったのですか？」とか「お子さんはどのような話をされたのでしょうか？　教えていただけますか？」などとなるべく具体的な回答を導くような質問をする。そうすると，保護者がただ感情を発散するのではなく，事態も把握できる。

（4）相談時間・終了時間

　初めての相談の場合は，事実関係などを聴くため，およそ１時間は必要であろう。しかしその後継続して相談していく場合は，１回は30分程度で十分である。相談は，長く話せばいいというものではなく，長ければ長いほど堂々巡りをし，感情的になっていく。

　たとえば，「継続してお話を伺い，ご相談していきたいと思います。放課後のお時間ですので，30分くらいお話したいと思います。よろしくお願いします」というように予め終了時間を告げておくことが大切である。人は夢中に話しているときに遮られると不快になるものであるし，話の途中に突然終わりを告げられるとまるで自分が拒絶されたように感じ，トラブルが発生するからである。

（5）記録を残す

　また，連絡をするたびに，メモ書きでよいので，記録を残すことも大切である。何月何日何時から何分間，どこで誰と誰でどのような話をした，程度で良いので，記録をしておく。訴訟を提起されたときなどもそうであるが，

理不尽なことを言われたときに，この記録が証拠となる。

　本来，相談を録音する場合には，相手の了承が必要である。しかし，大きなトラブルが予想される場合には，了承を得ずに録音しておくのも一案である。

２．困った保護者のタイプ別解説と対応

（1）分離不全タイプ

　冒頭に述べたように，小学校入学は母子分離の体験である。この際に保護者の側の分離不安（子離れできなさ）が強すぎる場合がこのタイプになる。保護者が離れたくないが故に，心配という形をとって子どもの自立していく気持ちの邪魔をする。たとえば，児童本人は新しい小学校生活を楽しんでいるにもかかわらず，「学校は楽しいの？　本当は嫌なんじゃない？」「給食はまずいんじゃない？　ママのお弁当の方が美味しいでしょ？」などと不安を煽るような問いかけをしたり，実際に登下校についてきてしまったりする保護者もいる。このタイプの保護者に分離をするように助言すると，かえって逆効果である。それよりは，学校内で児童ができていることを伝えるなどして，児童の成長を肯定し，安心するよう伝えるほうがよいであろう。たとえば，先ほどの例ならば，「給食も残さず食べるようになりました。頑張っていますよ。この間はおかわりもして，みんなから拍手をもらっていました」などと伝える。

（2）先取りするタイプ

　いつまでも我が子が小さい子どものように思い，実年齢よりも幼い対応をしてしまう保護者がこのタイプである。末っ子の場合などはこのタイプに陥りやすいが，子どもの側からすると，末っ子は周囲をよく見ている子どもが多く，幼い子を演じることで親のニーズを満たしてあげている場合が多い。このような場合は特に介入する必要はない。しかし，転ばぬ先の杖というように，いちいち先取りをする保護者の場合は，子どもの自立を阻むことになってしまう。たとえば，何かを選択する際に，保護者が先に結論を言ってしまうことが多い。選択するという機会が少ないまま育った子どもは，進路

や職業を選ぶ際に，自分の基準が育っていないので，どれを選べばよいかが
わからなくなりがちである。また自身が選んだ結論に不安を抱きがちである。
このようなタイプの保護者には，「まずお子さんの意見を聞いてみましょう」
などと介入するとよい。

(3) 過保護タイプ

　現代は少子化のために，一人っ子，初孫など，多くの大人に囲まれて育つ
子どもが多い。そして非常に我が子を可愛がっている保護者や祖父母も少な
くない。このタイプの保護者の中には自分の子どもの非を認めない一群がい
る。事実関係を説明したとしても，そんなことするわけがないと絶対に非を
認めない。それどころか，説明する教員に対して感情的に反論をしてくる。
　このようなタイプには，いくつかの原因がある。
　一つは，絶対に自分の子どもが悪いことをするわけがないと信じているタ
イプである。これは子どもが保護者の前では良い子を演じている場合に多い。
保護者の前で良い子を演じるが，その発散を外でするために，外で見せる顔
と親に見せる顔が非常に乖離していることがある。大体は保護者の期待に応
えようとする子どもである。このタイプは，授業参観をする，子どもたちの
言い分を教員の口を通して聞いてもらう，など実際に起きていることを示し，
そのうえで，このままではこの子の学校適応がうまくいかなくなることが心
配だと伝え，保護者と教員で協力して支援しようと持ちかける。親が反動で
子どもをひどく叱ってしまったり，怒りをぶつけて虐待に近い状況になった
りすることのないよう，予め子どもが保護者の期待に応えようと一生懸命に
している結果であろうから叱らないように，と保護者に伝えておく必要があ
る。
　もう一つは，非難されること自体が気に食わない場合である。または自分
自身が非難されていると感じてしまっている場合もある。これも協力してい
きましょう，という姿勢を示すことが大切である。

(4) 未熟タイプ

　若いうちに，特に望まないで出産したりした母親は，母親自身がまだ子ど

もで，誰かに頼りたかったり，遊びたかったり，子育てが大変になると投げだしたくなったりする。本人は一生懸命子育てをしているつもりでもなかなか成果が出ないと，悩んだり，自暴自棄になったりもする。このタイプには，「ちゃんと子育てしなさい」と助言しても，さらに自暴自棄にさせるだけである。むしろ，児童生徒の特徴や対応の仕方などをさりげなく伝えたり，「おうちでは宿題をみてあげてくださいね」「国語の教科書を読んでいるのを聞いてあげてくださいね」などと母親のするべきことを具体的に伝えるのが効果的である。

(5) 発散タイプ

　突然苦情を言ってきたりするのがこのタイプである。突然電話がかかってきたり，アポイントなしに来校をして一方的に感情的に苦情を言ってくる場合が多い。

　このタイプの保護者は言い分の大半が推測から成り立っている場合が多い。子どもの一言から学校内での我が子の様子を推測してストーリー立ててしまい，感情が激昂していく。そして，その感情を発散することで解消しようとするタイプである。

　このタイプは学校相手でなくとも，他の場所でも同様のことをしているために，孤立している場合が多い。ここまでは（7）の被害妄想タイプとよく似ている。

　しかし発散タイプは，ある程度わめき散らしたり，暴言を吐いたりすると，それなりに落ち着くことが特徴でもある。エンドレスに対応する必要はないので，ある程度発散していただく，くらいの気持ちで傾聴し，事態を流して行く，程度の気持ちで対応すると良い。

(6) プライドタイプ（権威好きタイプ）

　このタイプはすべてにおいて自分が上だという態度をとり，教員をバカにしたり，蔑視したりする。学歴，社会的地位，地域における有力者，代々歴史のある家系などのいわゆる権威を比較基準とし，教師を低い人種とみなしてくる。専業主婦であっても，夫の職業や出身校を自分の勲章のように振る

舞う。このようなタイプの人は，当然その裏側にコンプレックスがあるが，その分プライドが高い。

このタイプの保護者には，バカにされた口調や言葉遣いをされたらされたほど，こちらはますますきちんとした言葉遣いで落ち着いて対応することが必要である。一人で対応せず，管理職をチームに入れて，こちらも権威を保ちながら対応した方がよい。

地域で力があるからといって，学校組織の中，特に子どもへの教育においてはその力は何の関係もない。いじめの加害者の保護者が圧力をかけるなどと言ってきても，教員はチームで対応し，学校として公平な動きができるようにする。

（7）被害妄想タイプ

発散タイプと似ているが，被害妄想タイプは，発散してもすっきりしないどころか，ますます懐疑的，被害的になっていくのが特徴である。被害妄想タイプの人は，例えば保護者会で言った一言を利用して噂を広めたりする。そのため，周囲が信じてしまったりすることもあるので厄介である。このタイプには，噂を躍起になって否定したりするのではなく，落ち着いて粛々と噂が消えるのを待つのが良い。きちんとした教員の姿を周囲に見せ続けることにより，周囲はどちらが信頼できる人物か理解するであろう。

（8）自分の過去の影響タイプ

この保護者には配慮が必要である。担任だけではなく，スクールカウンセラーなどがチームに入るほうがよいであろう。たとえば，子どもがいじめの被害者になったり，事件の被害者（レイプや妊娠など性的な出来事も多い）になった場合，妙に頑なな態度をとったり，異常に学校の対応への批判を繰り広げたりする保護者の中には，自分自身も過去にいじめの被害者であったり，事件の被害者であったりすることがある。

たとえば，自分がいじめられていることを信頼していた担任に話したが，加害者の話を信じて何も対応してもらえなかったという過去を持つ保護者は，担任に話したことを心から後悔しており，深く傷つき，学校や担任は信じら

れないだけではなく，ひどいものだという認識がある。

　担任との面談において，保護者が上述したような自分の過去の体験まで話す可能性は低いが，スクールカウンセラーが入っていれば，上手に保護者の話を聴き，保護者自身の問題と子どもに起きている問題の違いを示しながら，保護者自身のこころの傷に寄り添うことが可能である。担任は，あまりにも保護者の反応が強く，子どもを本来は支えるはずの保護者が取り乱しており，子どもの対応にも影響がある場合には，スクールカウンセラーも交えながら，チームで対応していくと良い。

課　題

・保護者との協力体制を築く際に，教員として注意すべき点を述べなさい。
・小学校入学時に生じやすい保護者側の心理状態にはどのようなものがあるか述べなさい。
・保護者との面談において，気をつけるポイントを述べなさい。

〈参考文献〉
小此木啓吾『母親に語る「しつけ」の精神分析——幼稚園児・小学生の間に身につけてほしい心』金子書房，1998
河合隼雄『Q&Aこころの子育て——誕生から思春期までの48章』朝日文庫，2001
河村茂雄『教師のための失敗しない保護者対応の鉄則』学陽書房，2007
平野吉三・小澤良一・山崎功治監修『教職員のためのクレームリスクマネジメントの最新技術——訴訟・外部への告発・精神的負担を激減させる秘訣：今すぐ役立つ必須テキスト　教員志願者から新任，ベテラン，管理職まで』エコー出版，2010

第11章

教員によるこころのケア

この章では，自然災害やさまざまな事件などのためにこころの傷を負った場合の，教員の初期の対応について学ぶ。日頃信頼関係のある教員がごく初期に，児童生徒や保護者にこころのケアの視点を持った対応をすることは非常に重要であり，こころの安定に有効である。

キーワード

こころの傷，トラウマ，PTSD，初期対応（ファーストエイド）

第1節　こころの傷・トラウマ

　一般的にトラウマというと，虐待や自然災害など何かがあって生じることというイメージがあると思う。しかし実際はそうではない。人は生きていれば必ずこころが傷つくものである。肉親の死，ペットの死。死だけではなく，恋人との離別，引越，転勤，就職が決まらないなど日常の中にもトラウマを招く出来事がたくさんある。言い換えると，こころの傷は「喪失」，何かを失うことと深く関係している。同じ喪失場面に遭遇しても，一人ひとりの感じ方，受け止め方は異なり，同じ体験にはならない。その一人ひとりのこころにじっくり共に目を向けながら，理解しようと試み，一緒にいることが大切である。

　人は生きていれば必ずこころに傷を負う。教員をはじめとし，社会の一人ひとりがこころのケアを身につけていることが，これからの時代には非常に大切だと考える。

1．初期対応（ファーストエイド）の大切さ
トラウマ反応
　大震災や事件・事故などを契機としたこころの傷や虐待などの場合，初期の強いトラウマ反応（表11-1）には心理教育と言われる介入が必要である。救急救命講習を受け，AEDの使い方を学ぶのと同様，緊急時のこころの初期対応を多くの人が学ぶべきであろう。特に元々信頼関係のある教員の行う初期対応は，児童生徒に最も効果的であると思われる。

表11-1　トラウマ反応の説明

身体面	睡眠障害，食欲不振，動悸，震え，痛みなど
心理面	落ち込み，無気力，情緒不安定，怒りっぽい，同じことを何回も考えてしまう，暗闇が怖い，涙が止まらないなど
社会面	それまでの性格と変わりすぐ人と喧嘩をする，人を避けるようになる，など
児童の場合	赤ちゃん返りをする，母親が見えなくなると怖がる，母親とくっつきたがる，突然泣き出すなど
生徒の場合	集団でいたがる，一人を嫌がる，攻撃的になるなど

第2節　ASD，PTSD

　トラウマ反応の後に，ASD（急性ストレス障害），PTSD（心的外傷後ストレス障害），アルコール依存・うつ病などの他の症状に発展していくことがある。

1．ASD（急性ストレス障害）

　トラウマの直後から非常に強いトラウマ反応が現れたり，解離（記憶がなくなったり自分の身体から自分の心が離れてしまうような状態）が伴う。

2．PTSD（心的外傷後ストレス障害）

　1ヶ月以上経過しても強いトラウマ反応が続き，社会生活にも支障がでてくる。主な症状はフラッシュバックのような再体験，思い出そうとしないなどの回避や麻痺，小さなことに腹を立てたり驚くような過覚醒がある。

3．アルコール依存・うつ病などの他の症状

　再体験などを麻痺させようとしてお酒をのんでいるうちにアルコール依存になったり，トラウマ体験をきっかけに心の病気になったりする。

第3節　初期対応（ファーストエイド）

　見る，聴く，つなぐとよく言われるが，初期の対応を以下にまとめる。

①まず周囲をよく見渡し，身の安全を確保する。安心した環境を提供する（作る）。

②話をゆっくり聴く，混乱が激しい場合は話の整理をしながら聴く。初期は話したいことをそのままに受け止める。「そういうことは思い出さない方がいい」などと止めない。逆に話したがらない時には無理やり聴き出さない。

③本人および周囲の人にトラウマ反応の説明をする（心理教育）。例えば，今日はこころが大きな衝撃を受けているので，夜になって急に怖くなったり，一人になりたくないと思ったりすることがあります，などとあらかじめ説明して，知識をもってもらうようにしておく。

④こころが傷を受けるとトラウマ反応がでるので，そのような場合は，「忘れなさい」「がんばって」「まだ不安なの？」などの言葉は言ってはいけない。安心感をもてるようなかかわりを目指す。

⑤必要な場合は専門家（医療・心理・福祉・行政など）につなぐ。

　簡単にみえるかもしれないが，この5つを実施することが大切である。

第4節　二次受傷

　この章では，教員による初期のこころのケアについて学習したが，自然災害などの場合，教員も被災者であることが多い。自分が被災しながら，被災者のこころのケアをするのは容易ではない。職業という責任はあるが，一人で抱えず，自分も支えてもらいながら支援を継続的にできるようにしていくことが望ましい。

　これは自分も誰かに話を聴いてもらうという方法だけではなく，職員会議で報告し（話し），共有するなどの方法も含まれる。誰かに話を聴いてもらうと，「こころが軽くなった」と表現することがある。話し手はこころから

重荷を話し（放し・離し）たから軽くなるのであるが，一方の聴き手は，その人のこころの重荷を引き受けることになり，こころが重くなる。これを二次受傷という。こころの傷，トラウマを傾聴することは，非常に大変なこころの負担になる。聴き手も，常に自身のメンタルヘルスに気を配りながら，辛くなったならば，休むことが必要である（第12章参照）。

課題

・トラウマ反応を説明しなさい。

・初期対応で大切なポイントをまとめなさい。

〈参考文献〉

飛鳥井望監修『PTSDとトラウマのすべてがわかる本（健康ライブラリー：イラスト版）』講談社，2007

セーブ・ザ・チルドレン「誰もができる緊急下の子どものこころのケア　子どものための心理的応急処置」

原田眞理『子どものこころ，大人のこころ──先生や保護者が判断を誤らないための手引書』ナカニシヤ出版，2018

第 **12** 章

教員のメンタルヘルス

教員のメンタルヘルスについて最近の動向を学習し，さらに精神疾患やその対応方法等について学習する。近年教員の休職率は高まり，その内訳として精神疾患者の増加がみられる。教員特有のストレスや対処法を理解し，メンタルヘルス不調の予防を目指す。また休職時に役立つ関係諸機関の情報や復職過程についても学習する。

キーワード

教員，メンタルヘルス，ストレス，休職，復職

第1節　教員のメンタルヘルス

　教員は，子どもの成長過程に直接かかわる非常に責任の重い，心身共に負荷のかかる職業である。ただ単に教科書を使って子どもたちに知識を教えるというだけではなく，ものの考え方や人とのかかわり方，人間としての在り方など実にさまざまなことを伝えていかなくてはならない。教員自身が常に勉強し，考え，成長していく必要もある。また，教員は子どもたちとの関係，保護者との関係，教員同士の関係とさまざまな人間関係の中にあり，それらが大きなストレス源になることもある。つまり教職は，人間の一生に影響を与えうるやりがいのある仕事であると同時に，常に心身共に元気で意欲的にものごとに取り組むことが求められるストレスの多い職業なのである。

1．教員のメンタルヘルスに関する現状

　文部科学省の調査（文部科学省，2018c）によると，2017（平成29）年度に教員の病気休職者数は7,796人（在職者数の約0.85％）おり，うち精神疾患者はその約65％にあたる5,077名（同0.55％）であった（図12-1）。精神疾患による休職者の在職者に占める割合を学校種別に示したものが図12-2である。精神疾患者数は小学校の教員が2,333人と最多であるが，在職者に占める割合は特別支援学校が0.69％で最多であった。

　また，精神疾患による休職者の在職者に占める割合を年代別にみると図12-3のようになっている。これによると20歳代，50歳代以上に比較して，中堅である30歳代，40歳代の休職者が若干多くなっている。

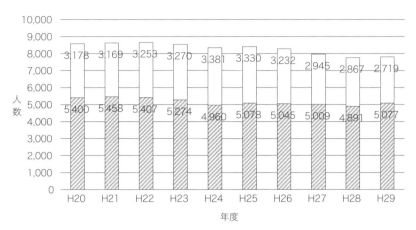

図12-1　精神疾患とそれ以外の疾患による病気休職者数

（文部科学省「平成29年度公立学校教職員の人事行政状況調査について」2018をもとに作成。
図12-2, 図12-3も同様）

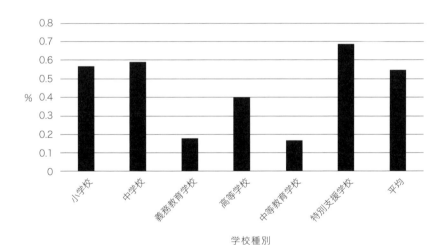

図12-2　休職者（精神疾患患者）の在職者に占める割合（学校種別）

213

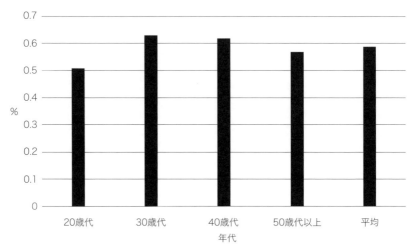

図12-3　休職者（精神疾患患者）の在職者に占める割合（年代別）

2．メンタルヘルス不調の原因

　教員がメンタルヘルス不調をきたす背景には様々な問題があると考えられる。教員に特有のストレスにはどのようなものがあるのだろうか。ここではさまざまなストレスの中から，多岐にわたる職務からくる多忙と人間関係を挙げて説明する。

（1）多岐にわたる職務からくる多忙

　2016（平成28）年に行われた「教員勤務実態調査」（文部科学省）を見ると，教員は児童生徒にかかわる業務，学校の運営にかかわる業務，外部対応，校外業務など実に多岐にわたる業務をこなさなければならないことが示され，教員の平均的な勤務の状況が報告されている（表12-1）。同調査では，教員は平均値において高ストレス状態を示しており，年代別では男女ともに20代でストレス反応が高値で，性別では男性と比べて女性のメンタルヘルス状態が不良である。また，勤務時間が長くなるほど，そして中学校では部活の指導に必要な技能を備えていない場合ほどメンタルヘルス状態が不良となっている。

表12-1　教諭の平均的な勤務の状況

		小学校	中学校
定められている勤務開始・終了時刻		8時15分〜16時45分	
出勤・退勤時刻の平均	平均年齢41.1歳	7時30分〜19時1分	7時27分〜19時19分
1日あたりの学内勤務時間		11時間15分	11時間32分
教員の1年間当たりの有給休暇の平均取得日数		11.6日	8.8日

（2）人間関係

　教員は子どもたちとの関係以外にも，保護者との関係，教員同士の関係と質の異なる複数の人間関係の中にいる。それぞれはいかにストレスになりうるのか。

①子どもとの関係

　本テキストでも詳しく解説しているように，最近の子どもたちは，いじめや不登校，虐待，インターネット関係のトラブルなど，社会問題ともなりうる幅広い問題にさらされている。また，以前より傷つきやすい子どもや関わりを持ちにくい子どもが増え，その背景に発達障害が隠れていることもあり，個別の対応を求められる場面も少なくない。当然，複雑な問題を持つ子どもが集まる学級では，授業の仕方に工夫が必要であったり，学級運営に労力を要したりする。子どもとの関わりだけをとっても，教員はマニュアル通りに動けばよいということはなく，常に柔軟に臨機応変に対応することが求められている。

②保護者との関係

　「学校の先生」といえば「絶対的」で「えらい」というイメージが持たれた時代もあった。しかし現在は子どもや保護者から容赦なく激しい攻撃を受けることがある。多くの保護者は子どもが心身共に健やかに成長する環境を望み，学校に協力的である。しかし子どもがかわいいあまり教員に怒りをぶつけてきたり，親自身が傷つくことから身を守るために教員を攻撃したりして，学校と対立構造を深める保護者もいる。

215

1990年代後半ごろから「モンスターペアレント」と呼ばれる非常識な要求を繰りかえす保護者が話題となり，同名のテレビドラマまで放送された。極端な場合，保護者からのクレーム対応に教員が心身共に憔悴し，子どもへの十分な配慮が行えない状態になる事例もある。これでは本末転倒である。「学校」ということを考えれば，何よりも子どもが中心にいるべきであって，保護者と教員は協力して子どもの成長をサポートできるような体制を作らなくてはならない。

③教員同士の関係

2016（平成28）に行われた「学校教員統計調査」（文部科学省）によれば，公立小学校の年齢構成は図12-4に示すとおりである。これを見ると30代後半から40代前半の中堅世代が少ないことがわかる。学校によってはこの傾向が顕著なところもあり，20代の若手教員と50代のベテラン教員のみが職員室を占めることもある。教員同士が年齢差を超えてお互いに協力関係を築けるコミュニケーションがとれることが理想である。しかし実際には，若手教員は自身の実力のなさを露呈するのではないかという不安からベテラン教員に助けを求めることができず，またベテラン教員も若手教員を傷つけてはいけないと積極的な声掛けをしないという状況に陥りやすい。また，ベテラン教員の中には，それまでの自分の経験や自信，プライドが邪魔をして，対応に困る場面があっても他の教員に助けを求めることができない事例もある。子どもや保護者と良い関係性をつくるためにも，教員同士が支え合える良好な人間関係を築きたい。

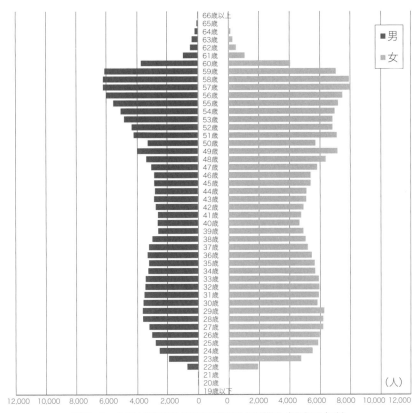

図12-4　公立小学校における本務教員の年齢構成（平成28年度）

（文部科学省「学校教員統計調査」2018より）

第2節　メンタルヘルスを良好に保つために

　「ストレス」という用語は一般的な会話でも頻繁に使われ，「何か嫌なもの」，「困ったもの」という印象を持つ人が多い。そもそも「ストレスって何？」と聞かれて，その概念を正確に説明できる人はどれくらいいるだろう？　ここではメンタルヘルスを良好に保つために，まずはストレス概念を学び，それにどう対処できるのかについて考えていく。

1. ストレスとは

「ストレス」という用語はもともと物理学で使われる「圧力」「ひずみ」を意味する言葉である。それを生理学者のセリエ（Selye,H., 1936）が「外部刺激に対応して生じる生体内のひずみ状態で非特異的に示される汎適応症候群」と定義づけ，その後徐々に現在のような精神面に影響を与える状況を表す言葉として使われるようになった。ストレスに関するさまざまな実験や研究を経て，現在では図12-5に示すような心理学的ストレスモデルが提示されている。

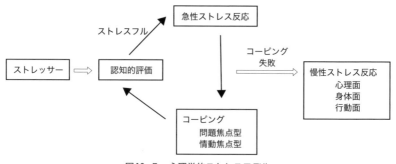

図12-5　心理学的ストレスモデル

これによるとストレスのもとになる刺激（ストレッサー）に対して，人間はそれが自身に関係があるのかないのか，有害なのか無害なのか，ストレスフルなのかそうでもないのか，といった評価を行う（認知的評価）。そして，ストレッサーが自身にとってストレスフルだとなれば，そこに急性のストレス反応が生じる。それに対して何かしらの対処（コーピング）を行う。もしその対処がうまくいかない場合，急性のストレス反応から慢性のストレス反応へと変化していく。慢性のストレス反応は心理面，身体面，行動面に表れる。

●事例

具体例にあてはめて考えてみよう。A先生が担任をしているクラスはまとまりがなく，最近では授業中も騒がしく，立ち歩きをする児童まで

出てくる状態となった。A先生は学級運営がうまくいかないこと（A先生にとってのストレッサー）を気に病み，これは自分の力不足が原因だと思い，日々どうしたものかと悩んでいた（認知的評価）。教室では子どもたちを叱る場面が増え，常にイライラするようになった。また帰宅後も学級運営のことが気になり，夜も布団に入ってからクラスの様子を思い浮かべるとなかなか寝付けなかった（急性ストレス反応）。

　自分の実力のなさを露呈するようでいやだったが，隣のクラスのB先生に相談してみることにした（コーピング）。するとB先生は「そんなの気にすることないよ」と取り合ってくれず，真剣に考えてくれなかった（コーピング失敗）。「普通だったら『気にすることない』ことを気にしている自分はなんてダメなんだ」「こんな自分が担任を任されていいのだろうか？」とますます自信を失い，気持ちが落ち込む日が続いた（慢性ストレス反応：心理面）。そして肩こりや頭痛がひどくなり，朝起きるとめまいを感じるようになった（同：身体面）。また，打ち合わせや面談の約束を忘れることが頻回となり，家では毎晩お酒を飲まないといられないような状況になり，休日には衝動買いをして浪費するようになった（同：行動面）。

　A先生の様子がおかしいと感じた学年主任のC先生は「何か困っていることがあるなら相談に乗るよ」とA先生に声をかけた。A先生はB先生の言葉がよぎり，最初はなかなか言い出せなかったが，そのうち親身に話を聴いてくれるC先生に涙ながらにクラスや自分の状況を話した。C先生は細かく話を聴き，A先生と共に具体的な対応策を考え，A先生は少しずつ前向きに仕事に取り組めるようになってきた（コーピング）。C先生は自分の空き時間にはA先生の教室に補助教員として入りサポートした。すると浮足立っていた子どもたちが徐々に落ち着きを見せ始め，A先生もクラスの子どもたちをかわいいと思えるようになっていき，落ち込んだりイライラしたりする場面も減ってきた。

　このように，まずは何より自分が抱えているストレス（ストレッサーやストレス反応）に気づくことが重要である。何が大変で，何に苦労しているの

219

か，そして自分にはどのようなストレス反応が出ているか。そしてそれぞれに対してどのようなコーピングができるかを考えていく。

　ここでコーピングには大きく分けて2つのタイプがあることを紹介しておく。ひとつは問題焦点型コーピングといわれるもので，起きている問題に焦点をあてて考えるコーピングである。A先生の例では，C先生と教室運営に関して相談し具体的な手立てを考えることがそれにあてはまる。もうひとつは情動焦点型コーピングといわれるもので，気持ちに焦点をあてたコーピングである。たとえば「自分はなんてダメなんだ」と思うことに対して，「自分の力不足もあるかもしれないが，自分だけの責任でこのような状況が起きているわけではない」と考えたり，「この状況は今までにないもので，これを乗り越えることは良い経験になりそうだ」と状況を前向きにとらえ直したりする。そうすることでストレスを抱え込まず，慢性的なストレス反応を引き起こすことを避けられる。

2．支援者にみられる二次受傷

　ここで教員が子どもたちを支援する中で体験する可能性のある二次受傷について触れておく。

　第7章で解説したように，災害や事故，虐待やいじめなどを経験した子どもたちはPTSDの症状を示すことがある。PTSDとはトラウマ（命にかかわるような危険な出来事に遭遇し，心身に大きな衝撃（傷）を負うこと）を経験した後に，時間が経ってもありありとその体験を思い出して（フラッシュバック），強い恐怖感を抱いたり，逆にそれらの体験を一切思い出さないように回避したり，感覚を麻痺させたり，緊張状態（過覚醒状態）が継続したりという症状が出る状態である。このような子どもたちの話を親身に聞き，支援する教員が代理受傷をすることがある。代理受傷とは，他の人のトラウマ体験を見聞きすることによって，自身が傷を負い，PTSDの症状を呈するようになることである。

　二次受傷（代理受傷はほぼ同一の意味）の症状として表12-2に示すようなものがみられる（白川，2019）。二次受傷をしないためには，支援をチームで行うことや自分自身のストレス対処を適切に行うこと，PTSDや代理受

表12-2　代理受傷の症状

▷被害者の体験のシーンが頭に浮かぶ
▷被害者の体験に対して，強い恐怖や不安が生じる
▷支援者の内的な世界観の変化
　　→世の中は安全ではない
　　→他人は信頼できない
　　→自分は支援者として無能だ，向いていない
　　→人生には希望がない
▷身体的不調や苦痛

傷の知識を学んでおくことなどが重要である。

第3節　病気休職からの復職過程

　学校に限らず，一般企業でもメンタルヘルス対策には力を入れている。厚生労働省は2015（平成27）年からストレスチェック制度を導入した。ストレスチェック制度とは「定期的に労働者のストレスの状況について検査を行い，本人にその結果を通知して自らのストレスの状況について気付きを促し，個人のメンタルヘルス不調のリスクを低減させるとともに，検査結果を集団的に分析し，職場環境の改善につなげることによって，労働者がメンタルヘルス不調になることを未然に防止することを主な目的としたもの」（厚生労働省）である。このような啓発や予防に加えて，メンタルヘルス不調に陥り休職をした労働者へ復職過程を支援する「心の健康問題により休業した労働者の職場復帰支援の手引き」を発行している。

　ここでは，東京都教育委員会が2010（平成22）年度に設置した復職訓練を支援する「リワークプラザ東京」の取り組み（図12-6）について紹介する。東京都以外でも各都道府県の教育委員会は復職支援プログラムを提示している（厚生労働省）ので，参考にしていただきたい。

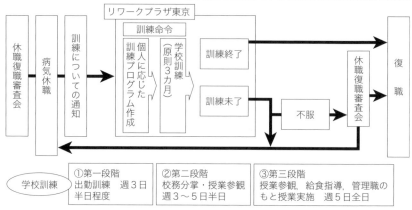

〈設置目的〉
精神疾患で休職している教員の円滑な職場復帰を図る。

図12-6　リワークプラザ東京における復職プログラムの内容
（リワークプラザ東京HPをもとに作成）

　この施設における対象者は東京都公立学校教員のうち，精神疾患により休職した者となっている。休職している教員は学校訓練の開始可能という主治医の診断書とともに，訓練申請書を校長に提出する。書類は校長から市区町村教育委員会を経由してリワークプラザ東京に提出される。リワークプラザ東京では復職アドバイザーの臨床心理士と校長等OBが二人一組となり学校を訪問し，個別の訓練プログラムを作成する。そして復職を希望する教員はリワークプラザ東京において精神科医である健康相談員と訓練開始の面接を行った後にプログラムを開始する（図12-7）。訓練内容の詳細は図12-8に示すようになっており，休職者の所属校で3ヵ月行われる。

図12-7 リワークプラザ東京 学校訓練の流れ

（「職業研究」2011より）

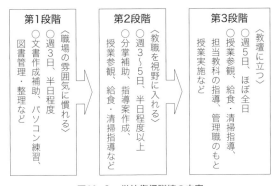

図12-8 学校復帰訓練の内容

（「職業研究」2011より）

 課題

・心理学的なストレスモデルについて，自身の具体例を挙げて説明しなさい。

・精神疾患で休職した後に復職したい場合，どのようなところに相談すると良いかを述べなさい。

・同僚に精神的に不調な人がいることに気づいたとき，どのように声をかけるかを考えなさい。

〈引用文献〉

白川美也子『赤ずきんとオオカミのトラウマ・ケア』アスク・ヒューマン・ケア，2016

〈参考文献〉

厚生労働省「ストレスチェック等の職場におけるメンタルヘルス対策・過重労働対策等」
　　https://www.mhlw.go.jp/bunya/roudoukijun/anzeneisei12/index.html（2019.9.23.最
　　終確認）

厚生労働省「心の健康問題により休業した労働者の職場復帰支援の手引き」2009，
　　https://www.mhlw.go.jp/new-info/kobetu/roudou/gyousei/anzen/101004-1.html
　　（2019.9.23.最終確認）

文部科学省「学校教員統計調査　平成28年度（確定値）の結果の概要」2018a，
　　http://www.mext.go.jp/b_menu/toukei/chousa01/kyouin/kekka/k_detail/1395309.
　　htm（2019.9.23.最終確認）

文部科学省「教員勤務実態調査（平成28年度）」2018b，http://www.mext.go.jp/b_menu/
　　houdou/30/09/1409224.htm（2019.9.23.最終確認）

文部科学省「平成29年度公立学校教職員の人事行政状況調査について」2018c，
　　http://www.mext.go.jp/a_menu/shotou/jinji/1411820.htm（2019.9.23.最終確認）

井上麻紀『教師の心が折れるとき』大月書店，2015

小杉正太郎編著『ストレス心理学』川島書店，2012

Selye, H., A syndrome produced by diverse nocuous agents. *Nature*, 138, 32, 1936

リワークプラザ東京「リワークプラザ東京における教員の職場復帰支援業務について」職
　　業研究，2011春季号，一般社団法人雇用問題研究会，2011

索　引

■執筆者紹介・分担（掲載順）

原田眞理（はらだ・まり）＝編者，第1章，第3章，第5章，
第6章第2,3節，第7章第2,3,4節，
第10章，第11章

玉川大学教育学部教授。東京大学大学院医学系研究科保健学博士。公認心理師，臨床心理士。日本精神分析学会認定心理療法士。専門は臨床心理学・精神分析・災害心理。主な著書に，『子どものこころ，大人のこころ　先生や保護者が判断を誤らないための手引書』『子どものこころ　教室や子育てに役立つカウンセリングの考え方』(ナカニシヤ出版)，『女子大生がカウンセリングを求めるとき　こころのキャンパスガイド』(共著，ミネルヴァ書房)，『教育相談の理論と方法　中学校・高校編』，『教育相談の理論と方法　小学校編』(編著，玉川大学出版部) など。

舘野由美子（たての・ゆみこ）＝第2章，第6章第1節，第7章第1節，
第12章

国家公務員共済組合連合会虎の門病院心理部室長。公認心理師，臨床心理士。早稲田大学大学院文学研究科心理学専攻博士課程単位取得退学。私立幼稚園，小学校，中学校，高等学校のスクールカウンセラー，精神科クリニック，総合病院精神科勤務を経て現職。主な著書に『女性心理療法家のためのQ&A』，『わかりやすい「解離性障害」入門』(いずれも分担執筆，星和書店)，『教育相談の理論と方法　中学校・高校編』，『教育相談の理論と方法　小学校編』(分担執筆，玉川大学出版部) など。

金田一賢顕（きんだいち・よしあき）＝第4章

玉川大学非常勤講師。秀山会白峰クリニック，福島県立・都立小学校・中学校スクールカウンセラー勤務。東京大学大学院教育学研究科総合教育科学専攻臨床心理学修士。国立精神経医療研究センター，国立成育医療研究センター，都立小児総合医療センターを経て現職。著者に『教育相談の理論と方法　小学校編』(分担執筆，玉川大学出版部)。

本田秀夫（ほんだ・ひでお）＝第8章

信州大学医学部子どものこころの発達医学教室教授。東京大学医学部卒業。専門は精神医学。主たる研究テーマは発達障害。主な著書に『自閉症スペクトラム　10人に1人が抱える「生きづらさ」の正体』（ソフトバンク新書），『子どもから大人への発達精神医学　自閉症スペクトラム・ADHD・知的障害の基礎と実践』（金剛出版），『教育相談の理論と方法　中学校・高校編』，『教育相談の理論と方法　小学校編』（分担執筆，玉川大学出版部）など。

鈴村俊介（すずむら・しゅんすけ）＝第9章

東京都立大塚病院児童精神科医師。博士（生涯発達科学）。東京大学文学部社会学科卒業。群馬大学医学部卒業。筑波大学大学院人間総合科学研究科生涯発達科学専攻博士後期課程修了。専門は児童青年精神医学。主な著書に『専門医をめざす人の精神医学第3版』，『臨床家が知っておきたい「子どもの精神科」第2版』（いずれも共著，医学書院），『現代の子どもと強迫性障害』（共著，岩﨑学術出版社），『EBM 精神疾患の治療 2011-2012』（共著，中外医学社），『教育相談の理論と方法　小学校編』（分担執筆，玉川大学出版部）など。訳書にワイルド『自分の怒りをしずめよう』（東京書籍）がある。

玉川大学教職専門シリーズ

教育相談の理論と方法　改訂第2版

2016年2月25日　初版第1刷発行
2020年2月25日　改訂第2版第1刷発行
2023年1月31日　改訂第2版第3刷発行

編著者————原田眞理

発行者————小原芳明

発行所————玉川大学出版部

　　　　　　〒194-8610　東京都町田市玉川学園6-1-1
　　　　　　TEL 042-739-8935　FAX 042-739-8940
　　　　　　http://www.tamagawa.jp/up/

　　　　　　振替：00180-7-26665

印刷・製本——日新印刷株式会社

乱丁・落丁本はお取り替えいたします。
ⓒ Mari Harada 2020　Printed in Japan
ISBN978-4-472-40589-1 C3037 / NDC375